AF579889

PETITE

HISTOIRE ILLUSTRÉE

de la

GUERRE DE 1914

PETITE

HISTOIRE ILLUSTRÉE

de la

GUERRE DE 1914

PAR

CHARLES PETIT

Ancien élève de l'Ecole Normale Supérieure de St-Cloud

Ancien professeur d'Ecole Normale et d'Ecole Primaire Supérieure

Inspecteur de l'Enseignement Primaire

PARIS

DELALAIN EDITEUR

115, Boulevard Saint-Germain

1919

1919.

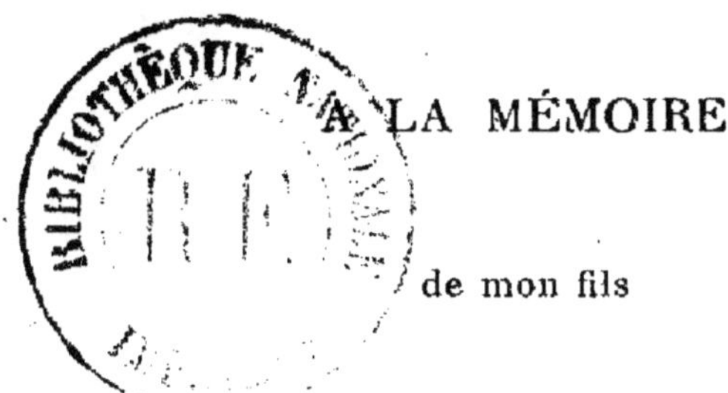

À LA MÉMOIRE

de mon fils

Henri PETIT, sous-lieutenant au 3e d'artillerie

tombé sous VERDUN, le 30 mars 1917

et de

tous ses camarades, les héros de la Grande Guerre

MORTS POUR LA FRANCE

CH. P.

(30 mars 1919).

Le Président Poincaré

Petite Histoire Illustrée

de la

Grande Guerre

CHAPITRE Ier

Conséquences de la Guerre de 1870-71

L'Alsace-Lorraine « terre d'Empire ». — Le 18 janvier 1871, dans la Galerie des Glaces du château de Versailles, les princes confédérés allemands offraient la couronne impériale au roi de Prusse qui devint dès lors l'empereur Guillaume Ier. L'unité de l'Allemagne se trouvait réalisée à nos dépens. Mais cette unité était le fait des princes plutôt que des peuples. Serait-elle durable? Le chancelier allemand Bismarck, qui avait machiné tous ces événements, sentait bien que son œuvre n'était pas fondée sur l'union des cœurs; il se rendait compte qu'elle serait par suite éphémère. Pour la faire durer de force, il nous obligea, au traité de Francfort, à lui céder l'Alsace-Lorraine, et il eut l'idée diabolique d'en faire une « terre d'Empire » (*Reichsland*), c'est-à-dire une sorte de proie qu'il donnait à garder à tous les Etats confédérés. L'intérêt, pensait-il, à défaut de sympathie, obligerait bien tous les ravisseurs à maintenir leur union pour conserver leur butin ! L'Europe, encore sous le coup des victoires de Napoléon Ier, laissa faire par rancune contre la France du passé. C'était une faute. Elle ne vit pas que le rapt de l'Alsace-Lorraine allait créer un malaise, un équilibre instable, un état de guerre latent dont elle aurait à pâtir aussi bien que la France.

Prospérité allemande.— Quoi qu'il en soit, la proclamation de l'Empire n'en fut pas moins pour l'Allemagne le point de départ d'une ère de prospérité sans exemple dans l'Histoire. Le prestige qu'elle tenait de ses victoires favorisa son commerce dans le monde entier et son industrie prit un essor formidable. Cela mit au cœur de tous les Allemands, mais en particulier des hobereaux (grands propriétaires terriens), des

---

1er Récit. — **Le rêve des pangermanistes.** — L'Allemagne étant au-dessus de tout, les pangermanistes pensaient que c'était pour eux un devoir strict de subjuguer toutes les races inférieures qui peuplaient le monde. Mais ils n'étaient pas assez sots pour s'imaginer que ce travail grandiose se ferait d'un seul coup ; ils admettaient de faire la route en quelques étapes. Voici quelle aurait été la première.

La Germania
Statue colossale de 10 m. 50 de haut sur un soubassement de 25 m. Symbole de la puissance allemande.
(*Domine le Rhin en face Bingen*)

Tout d'abord, la France serait écrasée et mise définitivement hors de cause ; on lui imposerait une contribution de guerre formidable ; on lui prendrait toutes ses colonies, ses riches provinces du Nord et de l'Est, depuis la Somme jusqu'à Lyon. La Belgique, la Hollande et le Danemarck seraient sans difficultés englobés dans l'Empire germanique. L'Angleterre, bloquée dans son île, serait réduite à une puissance de second ordre. La Russie serait refoulée vers l'Asie ; elle perdrait la Pologne et les provinces baltiques. Par l'Autriche-Hongrie déjà réduite à l'état de vassale, on tiendrait sous le joug les peuples balkaniques. Par la Turquie en déliquescence, on irait à travers l'Asie-Mineure jusqu'au Golfe Persique où l'on pourrait menacer les Indes anglaises. Rêves de déments, dira-t-on ? Non : c'était enseigné dans toutes les écoles allemandes, et le chemin de fer Berlin-Bagdad presque achevé, était destiné à convaincre les plus incrédules que ce plan colossal était déjà en voie de réalisation.

officiers, des classes dirigeantes en un mot, un orgueil insensé qui leur fit entrevoir des possibilités inouïes. Ces partisans de la plus grande Allemagne, ces *pangermanistes*, comme l'on dit, ne rêvaient rien moins que « l'Empire du monde ». A leurs yeux, le peuple allemand élu, choisi par Dieu, était destiné à imposer la civilisation (*kultur*) germanique à l'univers entier, par le fer et par le feu si la persuasion était insuffisante. L'Allemagne devait être au-dessus de tout (*Deutschland über alles*).

Les provocations allemandes.— On conçoit combien était délicate la situation de la France vaincue, humiliée, seule, sans appui, en face d'une pareille voisine. Elle ne pouvait, sans abdiquer son rang de grande puissance, admettre la mutilation que lui avait imposée le traité de Francfort ; mais elle ne voulait pas incendier à nouveau l'Europe pour reconquérir ses

---

2e RÉCIT. — **Les provocations de l'Allemagne.** — En 1875, Bismarck voyant que la France se relevait rapidement, résolut de l'écraser définitivement avant qu'elle ne fût trop puissante. Mais l'Europe laisserait-elle faire comme en 1870 ? Non, heureusement. Le Tsar Alexandre II et la reine Victoria déclarèrent qu'ils ne toléreraient point que la France fût envahie une seconde fois, et Bismarck se le tint pour dit.

L'aigle allemand menace le coq gaulois

En 1887, notre commissaire de Pagny-sur-Moselle, *Schnœbelé*, fut arrêté par les Allemands sur la frontière, après avoir été attiré dans un véritable guet-apens. Le Gouvernement français ne perdit pas son calme. Notre bon droit était si évident ; il fut si clairement établi, que l'Allemagne dut céder.

provinces perdues ; elle évitait avec soin de parler de revanche ; et, confiante en son bon droit, elle attendait patiemment des temps meilleurs. Malgré cela, l'Allemagne lui prêtait constamment des idées d'agression, et elle en profitait pour la menacer à tout propos et hors de propos. L'histoire des quarante dernières années est remplie des provocations allemandes à notre égard.

L'équilibre des alliances. — Quelque confiante que fût l'Allemagne dans sa force militaire, elle n'en chercha pas moins à nouer des alliances autour d'elle. En 1882, elle parvint à grouper l'Autriche et l'Italie avec elle en une Triple Alliance. La France, de son côté, s'était alliée à la Russie : des ententes spéciales furent en outre conclues entre la Russie et l'Angleterre, de même qu'entre la France et l'Angleterre. Ce fut la Triple Entente. Ainsi deux groupes de forces antagonistes parvenaient tant bien que mal à se faire équilibre en Europe. Equilibre très instable. L'Allemagne augmentant sans cesse ses forces, la Triple

---

En 1905, c'est le coup de théâtre de Tanger. La France et l'Angleterre venaient de s'entendre à propos de leurs colonies. Contre l'abandon de nos prétentions en Egypte, nous obtenions les mains libres au sujet du Maroc. Guillaume II prétendit que nous cherchions à l'encercler ; et, pour bien montrer qu'il ne tolérerait pas que l'on touchât à l'indépendance du sultan, il fit un voyage à Tanger dans un appareil théâtral. La conférence d'Algésiras, imposée par lui, parvint à grand peine à éviter la guerre.

En 1908, l'Autriche, avec l'approbation de l'Allemagne, annexa la Bosnie et l'Herzégovine, contrairement aux stipulations du traité de Berlin. La Russie, qui se relevait à peine des désastres de la guerre de Mandchourie, fut obligée de dévorer cet affront en silence.

En 1908, c'est la ridicule affaire des déserteurs de Casablanca.

Enfin, en 1911, sous prétexte de protéger les intérêts allemands, le Kaiser envoie un vaisseau de guerre à Agadir : c'est la guerre. Mais l'Angleterre déclare qu'elle se tiendra aux côtés de la France, et Guillaume recule. Pour avoir la paix, nous lui cédons une partie de notre colonie du Congo.

Ainsi l'Allemagne brandissait constamment son grand sabre audessus de nos têtes. Cela ne pouvait durer.

Entente était bien forcée d'accroître aussi les siennes : ce fut une course folle aux armements. C'est ainsi que l'Allemagne ayant consacré d'un seul coup un milliard à son matériel de guerre et accru son armée active de plus de 100.000 hommes, la France fut obligée, en 1913, de revenir à la loi de 3 ans pour renforcer ses troupes de couverture afin de se mettre à l'abri d'une attaque brusquée.

L'empereur Guillaume II. — Le nouvel empereur d'Allemagne, Guillaume II avait d'abord paru acquis aux idées de paix. Son activité considérable mais un peu brouillonne s'était portée sur la marine et le développement commercial de son Empire. De temps à autre, sous l'influence des pangermanistes, il élevait bien la voix et brandissait son grand sabre en parlant de « poudre sèche » et « d'épée aiguisée »; mais, à part ces fanfaronnades, il disait à qui voulait l'entendre que la paix était nécessaire au développement prodigieux de son pays, et qu'il voulait être appelé dans l'Histoire l'empereur de la paix.

Mais tout à coup, en ces dernières années, on s'aperçut que sa mentalité avait changé. Non seulement il envisageait la possibilité d'une guerre, mais il la déclarait proche. Son fils aîné, le kronprinz, que les pangermanistes reconnaissaient pour chef, le poussait dans la voie fatale. Tout en se montrant inquiète, l'Europe ne voulait pas croire à la guerre. En France, beaucoup de gens, en songeant à l'énormité de la catastrophe, assuraient qu'aucun pays, si ambitieux qu'il pût être, n'oserait déchaîner un pareil cataclysme. Cependant ce grand cataclysme était à la merci d'un incident, et cet incident arriva le 28 juin 1914.

CHAPITRE II

Préliminaires de la guerre

Déclaration de guerre de l'Autriche à la Serbie. — Le 28 juin 1914, l'archiduc héritier d'Autriche, François Ferdinand, était assassiné avec sa femme à *Sarajevo* par un étudiant de race serbe. Quel bon prétexte pour en finir avec la Serbie, ce vaillant petit peuple qui, surtout depuis ses derniers succès dans les Balkans, gênait l'expansion pangermanique vers l'Orient ! A vrai dire, l'étudiant serbe, habitant de la Bosnie, était sujet austro-hongrois, et la Serbie ne pouvait être tenue pour responsable de son forfait. N'importe, l'occasion était trop belle pour la laisser échapper. Le 23 juillet, un ultimatum avec des conditions inacceptables fut adressé par l'Autriche à la Serbie. Conseillée par la France, la Russie et l'Angleterre, la Serbie fit un très gros sacrifice au maintien de la paix : elle accueillit toutes les conditions de l'ultimatum sauf une seule qui concernait son indépendance, et qu'elle n'écartait pas absolument, mais au sujet de laquelle elle demandait à discuter. Le représentant de l'Autriche ne se donna même pas le temps de lire attentivement la réponse serbe, et il quitta Belgrade aussitôt, comme s'il obéissait à une consigne arrêtée d'avance. C'était la guerre. Elle fut déclarée le 28 juillet.

Déclaration de guerre de l'Allemagne à la Russie. — La Russie, protectrice naturelle des petits peuples slaves, se trouvait mise en cause. Elle ne pouvait pas plus supporter la domination autrichienne en Serbie que l'Angleterre, par exemple, la domination allemande au Pays-Bas.

Elle mobilisa donc quelques corps d'armée en face de l'Autriche, tout en prenant soin d'aviser Berlin que cette simple mesure de précaution n'était en rien dirigée contre l'Allemagne. En même temps, elle continuait les pourparlers qu'elle avait entrepris de concert avec la France, l'Angleterre et l'Italie.

L'Autriche ne se pressait pas d'envahir la Serbie; elle inclinait à remettre le soin de trancher le conflit à une conférence européenne. C'est alors que l'empereur d'Allemagne revint d'une croisière qu'il avait entreprise sur les côtes de Norvège le 5 juillet, sans doute pour donner le change à l'Europe sur ses véritables sentiments. Il résolut de brusquer les choses afin d'éviter tout retour en arrière de la part de l'Autriche. Le 1er août, il somma la Russie de démobiliser, et douze heures après, il lui déclarait la guerre.

Déclaration de guerre de l'Allemagne à la France. — Le 31 juillet, l'Allemagne, par son ambassadeur, M. de Schœn, fit sonder la France pour savoir si elle resterait neutre en cas de conflit avec la Russie. Nous avions dix-huit heures pour répondre. C'était un véritable ultimatum. Acceptions-nous cette neutralité,

---

3e Récit. — **C'est l'Allemagne qui a voulu la guerre.** — Entre autres preuves, en voici une qui a été fournie par l'Allemagne elle-même en la personne de son représentant à Londres, le prince Lichnowsky.

Le roi d'Angleterre avait télégraphié le 30 juillet à Guillaume II que si l'Autriche se contentait d'occuper Belgrade, sans chercher à anéantir la Serbie, il se ferait fort de faire accepter cet état de choses à la Russie, qui demandait seulement des garanties pour l'intégrité de la Serbie.

Par une heureuse coïncidence, l'Auttriche, effrayée sans doute au dernier moment des conséquences de ses actes, télégraphiait au même moment à Berlin une proposition du même genre. C'était la paix assurée. L'Etat-Major allemand voyait tout d'un coup s'effondrer l'échafaudage de guerre qu'il avait si laborieusement monté depuis le printemps. Allait-on laisser échapper une si belle occasion ? Non certes. Berlin n'ignore pas la ressource suprême qu'offrent les falsifications de textes, depuis la dépêche d'Ems qui avait déclenché la guerre de 1870. Le Gouvernement allemand truqua la dépêche du roi d'Angleterre avant de l'envoyer à l'Autriche, et supprima la dépêche de Vienne. Tout simplement.

M. de Schœn avait ordre d'exiger comme garantie la remise de nos forteresses de Toul et de Verdun. Notre Président du Conseil, M. Viviani, répondit que la France s'inspirerait de ses intérêts.

Il était désormais trop évident que l'Allemagne voulait la guerre à tout prix. Nous dûmes nous résigner à faire face à toute éventualité. La mobilisation générale fut proclamée le 1er août dans la soirée. Elle se fit partout dans le plus grand calme, et tous les mobilisés rejoignirent leurs postes de combat avec une froide et mâle résolution.

Dès le 2 août, avant toute déclaration de guerre, notre territoire fut violé en plusieurs points par des patrouilles ennemies. Enfin le 3 août au soir, M. de

---

4e Récit. — **La première victime de la guerre.** — C'était le 2 août 1914. Le Gouvernement français, qui sentait qu'à Berlin on nous cherchait une « querelle d'Allemand » afin de provoquer l'incident de frontière qui fournirait le fameux prétexte manquant jusqu'alors pour déclarer la guerre à la France, avait fait retirer toutes nos troupes de couverture à dix kilomètres en-deçà de la frontière. C'est ainsi que le caporal Peugeot se trouvait avec quelques soldats dans un de nos avant-postes, à Joncherey, à 12 km. environ de la frontière d'Alsace. La petite troupe se croyait bien en sûreté lorsque, vers dix heures du matin, des uhlans sont signalés. Peugeot s'avance aussitôt, pour faire les sommations règlementaires, au devant du lieutenant Meyer qui commande la patrouille, lorsque celui-ci, froidement, l'abat de trois coups de revolver.

La mort du caporal Peugeot
(instituteur du Doubs)

Avant de tomber, par un sursaut d'énergie, Peugeot parvient à armer son fusil ; il vise et tue son adversaire. Le meurtrier avait expié son crime.

Schœn vint trouver M. Viviani ; et, sous le faux et ridicule prétexte que des avions français auraient survolé la ville de Nuremberg, il lui déclara que l'Allemagne se considérait comme en état de guerre avec la France du fait de cette dernière puissance. Le geste irréparable était accompli.

M. de Schœn quitta Paris le soir même. L'ambassadeur d'Autriche n'avait pas bronché, comme si la question lui était tout à fait indifférente. Le 12 août, il était encore là. Il fallut que le Gouvernement français le rappelât au sentiment de la pudeur et lui signifiât d'avoir à quitter notre territoire.

Le 4 août, les Chambres se réunirent pour voter les crédits de guerre. Ce fut une séance émouvante. Tous les partis soudain réconciliés n'eurent plus qu'un cœur et qu'une âme pour défendre la Patrie attaquée.

5e Récit. — **La matinée du 1er août au village.** — La mobilisation n'est pas encore affichée ; mais des réservistes appartenant aux troupes de couverture de la frontière ont déjà reçu des appels individuels. Quelques-uns de ces jeunes gens rejoignent leur régiment et traversent à l'aube de ce 1er août tragique la campagne encore endormie. Mais le coq matinal lance à plein gosier son chant martial aux premiers feux du soleil levant. Quelle page symbolique que cette rencontre puissamment esquissée par le crayon de l'artiste ! Comme elle évoque à tous les yeux les images émouvantes qu'allaient nous offrir ces premiers jours de la mobilisation : adieux touchants dans les gares encombrées de monde ; trains fleuris et enrubannés, aux inscriptions fantaisistes tracées en hâte à la craie sur tous les wagons ; chants et rires de ces fiers jeunes gens dont beaucoup dorment hélas, en terre de France, le long de cette voie sacrée qui s'étend de la mer du Nord aux montagnes de la Suisse !

La matinée du 1er août au village

Ainsi fut réalisée l'*Union sacrée* (message du Président Poincaré).

Déclaration de guerre de l'Allemagne à la Belgique. — L'Allemagne, qui se préparait à cette guerre depuis un demi-siècle, avait hâte d'entrer en campagne. Son plan était arrêté d'avance : écraser rapidement la France pour pouvoir ensuite se jeter sur la Russie avant que celle-ci fût entièrement prête. Mais comme nos forteresses de l'Est lui paraissaient difficile à enlever d'un coup de main, elle résolut de nous attaquer au Nord-Est, et, pour cela, de violer la neutralité de la Belgique, neutralité qu'elle avait garantie elle-même par les traités de 1831-1839. Mais comme disait son chancelier Bethmann Hollweg, « nécessité n'a pas de loi ».

Dès le 2 août, un ultimatum fut adressé à la Belgique, lui enjoignant d'avoir à laisser passer l'armée al-

---

6e Récit. — **Le chiffon de papier.** — (*Récit de sir Goschen, ambassadeur britannique à Berlin, concernant son entrevue avec Bethmann-Hollweg*). — J'ai trouvé le chancelier très agité. Son Excellence a commencé tout de suite une harangue qui a duré environ vingt minutes. Il a dit que la mesure prise par le gouvernement de Sa Majesté britannique était terrible au dernier point ; juste pour un mot, — « neutralité », un mot dont en temps de guerre, on n'a si souvent tenu aucun compte — juste pour un *chiffon de papier*, la Grande-Bretagne allait faire la guerre à une nation à elle apparentée, qui ne désirait rien tant que d'être son amie.

. . . .

J'ai protesté avec force contre cette déclaration et ai dit que de même que, pour des raisons stratégiques, c'était une question de vie ou de mort pour l'Allemagne d'avancer à travers la Belgique, de même c'était aussi une question de vie ou de mort pour l'honneur de la Grande-Bretagne que de tenir l'engagement solennel pris par elle de faire, en cas d'attaque, tout son possible pour défendre la neutralité de la Belgique.

lemande en marche vers la France. Qu'allait faire ce petit pays en face du colosse allemand ? Ce sera l'éternel honneur du roi Albert Ier de n'avoir pas hésité un seul instant à s'engager dans la voie périlleuse que lui commandait l'honneur national. Il répondit fièrement qu'il s'opposerait par les armes à toute violation de son territoire.

Le Roi Albert

Le 4 août au matin, l'Allemagne envoya une déclaration de guerre, en même temps que son armée franchissait la frontière.

Déclaration de guerre de l'Angleterre à l'Allemagne. — L'Allemagne aurait bien voulu s'assurer la neutralité bienveillante de l'Angleterre. Elle lui fit des propositions qu'un ministre anglais qualifia de « honteuses ». Il s'agissait du partage de toutes nos colonies. Mais le peuple anglais a le sentiment de l'honneur. L'offre allemande ne fut même pas discutée.

Cependant la Belgique avait appelé à son secours la France et l'Angleterre comme puissances garantes de sa neutralité. Le 4 août, l'ambassadeur anglais à Berlin somma le gouvernement allemand d'arrêter la marche de ses troupes à travers la Belgique. Puis, le 5 août, à minuit, à la nouvelle de l'avance de l'armée allemande vers Liège, le gouvernement anglais déclara la guerre à l'Allemagne.

CHAPITRE III

Les premières hostilités

L'invasion de la Belgique.— Le Luxembourg avait été occupé sans difficulté par les Allemands dès le 2 août. Le 4, une armée d'avant-garde, forte de 120.000 hommes, entra en Belgique par Visé, et vint mettre le siège devant Liège. Le général Léman, qui commandait la place, n'avait que 40.000 soldats. Malgré cette infériorité numérique, il fut heureux dans les premiers combats. Mais les Allemands amenèrent leur grosse artillerie et réduisirent les forts l'un après l'autre. Le général Léman fut enseveli sous les ruines du

---

7e RÉCIT. — **Les atrocités allemandes en Belgique.** — De tout temps, les armées en campagne ont commis des excès. Mais ce que l'on n'avait encore jamais vu, ce qui a révolté l'univers entier, ce qui sera l'éternel opprobre des armées allemandes, c'est que leurs atrocités : bombardements de villes ouvertes, pillages, incendies, assassinats, ont été voulus, prémédités, ordonnés de sang-froid, et même organisées systématiquement par leur haut commandement.

Le Général Léman
Défenseur de Liège

Avant la guerre, les théoriciens militaires allemands : Bernhardi, Treitschke, avaient nettement affirmé qu'il fallait frapper de terreur les populations des pays envahis afin de briser la résistance ennemie. Agir ainsi, disaient-ils, c'est faire preuve d'humanité puisque c'est abréger la guerre. Cette monstrueuse théorie a été mise en application dès l'entrée en Belgique.

Mais encore, dira-t-on, faut-il un prétexte pour tuer, voler, in-

dernier d'entre eux, le fort Loncin. On le retira des décombres à moitié mort, et il fut fait prisonnier (23 août). Cette résistance héroïque avait retenu les envahisseurs près de quinze jours sous les murs de la place. Mais le gros des forces allemandes n'avait pas attendu la chute de Liège pour achever sa concentration et s'avancer vers l'ouest.

La petite armée belge (120.000 hommes) ne pouvait arrêter une pareille invasion. Après un premier succès à Haelen, elle fut vaincue à Aerschot le 19 et obligée de se replier sur le camp retranché d'Anvers où se réfugièrent également la famille royale et le

---

cendier. Les Allemands n'ont pas fait grands frais d'imagination pour cela. Voici comment ils opéraient à peu près partout. Des soldats ivres avaient-ils une rixe, on entendait un coup de fusil parti on ne sait d'où. Il n'en fallait pas davantage pour accuser les civils d'avoir tiré sur les troupes allemandes. Alors vite la torche et la fusillade. On conduisait au poteau d'exécution les premiers habitants venus sans même parfois se donner la peine de procéder à un simulacre de jugement. Souvent on ajoutait des raffinements de cruauté qui prenaient le caractère d'une odieuse dérision. C'est ainsi qu'à Andenne, après avoir massacré 320 personnes, les Allemands obligèrent les autres habitants à banqueter à côté des cadavres de leurs parents. C'est ce que l'on a appelé le « Pardon d'Andenne ». A Dinant, ils fusillèrent d'un coup, 153 civils sous les yeux de leurs femmes et de leurs enfants. Dans cette seule ville, ils ont massacré 800 personnes et incendié 1.200 maisons sur 1.500. Parmi tant d'autres, la belle cité de Louvain, avec sa riche bibliothèque, fut livrée aux flammes.

Effets des gros projectiles allemands sur les coupoles du fort de Liège

Les Huns et les Vandales sont dépassés ! Souvenons-nous !

gouvernement belge. Bruxelles fut occupée le 20.

Remontant la vallée de la Meuse, les Allemands étaient parvenus à Dinant où la cavalerie française leur infligea le 15 août un sanglant échec. La ville de Namur fut accablée par la grosse artillerie et obligée de se rendre après toutefois que la garnison eût été évacuée sur les lignes françaises. Cette ruée de l'armée allemande en Belgique fut marquée par des atrocités sans nombre qui seront l'éternel opprobre du nom allemand.

L'offensive française en Alsace. — L'Etat-major français était convaincu que l'offenisve était la seule tactique capable d'avantager nos armes, c'est pourquoi, dès le début de la guerre, notre généralissime Joffre ordonna de prendre l'offensive sur tout le front.

En Alsace, un corps de l'armée Dubail franchit la frontière le 7 août, livra un violent combat à Altkirch et le 8 entrait à Mulhouse. Mais c'était une action prématurée. Dès le lendemain, les Allemands revenaient en force et nous obligeaient à abandonner la ville. Le général Pau, procédant avec plus de méthode, reprit Mulhouse le 19 et s'avança sur Colmar. Pendant ce temps, tous les cols des Vosges avaient été occupés ainsi que le massif du Donon. Par le col de Saâles, en suivant la vallée de la Bruche, une action heureuse à Saint-Blaise, où nous prîmes un drapeau allemand, nous porta sur la route de Strasbourg jusqu'au delà de Schirmeck. Mais cette période de succès dura peu. Les revers de notre armée de Lorraine nous obligèrent à abandonner le Donon et le col de Saâles. En outre, l'armée d'Alsace ayant été rappelée dans l'Ouest à la suite de la retraite de Charleroi, nous dûmes évacuer Mulhouse pour la seconde fois. (*26 août*).

En Lorraine. — En Lorraine, l'armée de Castelnau s'avança d'abord au-delà de la ligne Château-Salins-Sarrebourg ; mais elle se heurta le 20, à Morhange, à des forces nombreuses et retranchées d'une façon formidable ; elle dut reculer précipitamment jusque sur les hauteurs du Grand-Couronné de Nancy où elle tint solidement malgré tous les assauts de l'ennemi.

La retraite de Morhange nous obligeait à abandonner Sarrebourg, le Donon et le col de Saâles. L'ennemi occupa Saint-Dié et Lunéville. Toutefois ses efforts pour avancer par la trouée de Charmes, en vue de tourner les défenses de Toul, rencontrèrent de la part de nos troupes une héroïque résistance. Après de sanglants combats, il fut rejeté d'abord sur la Mortagne, ensuite sur la Meurthe. Saint-Dié et Lunéville retombèrent en notre pouvoir (13 septembre).

8e Récit. — **Grandeur d'âme d'un général.** — C'était au moment le plus critique des assauts allemands contre le Grand Couronné. Le général de Castelnau dictait ses ordres aux officiers de son entourage. Il était calme malgré l'effroyable responsabilité qui pesait sur lui. Tout à coup arrive un jeune officier d'Etat-major, haletant, pâle comme un linge : « Mon général... mon général... le lieutenant Xavier... (1) — Mort ou blessé ? — Mort. »

Le Général de Castelnau

Le général passa la main sur son front comme s'il faisait un violent effort pour chasser une idée inportune, puis s'adressant à ses officiers : « Messieurs, continuons, dit-il ». Et, le cœur broyé mais l'esprit lucide, il acheva de dicter ses ordres d'où dépendait le salut de toute une armée.

(1) Fils du général.

Dans les Ardennes. — Nos 3e armée (général Ruffey) et 4e armée (général Langle de Cary) s'avancèrent dans le Luxembourg belge. Elles remportèrent d'abord quelques légers succès, puis elles se heurtèrent, dans les massifs boisés des Ardennes, à des forces ennemies considérables appuyées d'une artillerie lourde formidable. Après le choc de Virton, nous fûmes rejetés sur la Meuse. A notre droite, la petite place forte de Longwy succomba après une vaillante défense. Le riche bassin des mines de fer de Briey tombait aussitôt en la possession de l'ennemi.

Entre Sambre et Meuse. — Charleroi. — Notre 5e armée (général Lanrezac) placée d'abord sur la Meuse, face à l'Est, dut remonter vers le nord et occuper le pays entre Sambre et Meuse lorsqu'il fut bien établi que l'effort principal des Allemands se portait à travers la Belgique. Elle s'appuyait sur les places fortes de Namur et de Maubeuge, et elle devait être renforcée sur sa gauche par l'armée anglaise ; mais celle-ci, qui venait à peine de débarquer, ne comptait guère que 60.000 hommes : elle entra en ligne trop tard pour seconder l'action principale de Lanrezac. Celui-ci attaqua l'armée allemande à *Charleroi*. Ce fut une ba-

---

A quelque temps de là, le 8 septembre, le lieutenant Gérard de Castelnau, fils aîné du général, fut très grièvement blessé. On le transporta dans le bureau où son père travaillait avec son Etat-Major. Là, chacun s'empresse autour du moribond, mais tous les soins sont inutiles, le lieutenant Gérard rend le dernier soupir.

Le général dépose un pieux baiser sur le front de son enfant, lui couvre le visage avec son mouchoir, et d'une voix à peine altérée, s'écrie :

« Va mon fils ! Tu as la plus belle mort qu'on puisse souhaiter. Je te jure que nos armées te vengeront en vengeant toutes les familles françaises ».

Et il se remit au travail. Ajoutons qu'un troisième fils du général fut encore blessé peu après. Tout commentaire serait inutile. A de pareilles hauteurs, tous les sentiments sont magnifiés, et l'on ne sait ce qu'il faut admirer le plus ou de la vaillance du chef ou du patriotisme du père.

taille chaudement disputée. La ville fut prise et reprise cinq fois. Mais là encore, les Allemands étaient supérieurs en nombre. Il nous fallut reculer. Les Anglais se battirent vaillamment à Mons et empêchèrent l'ennemi de nous tourner ; malheureusement eux aussi furent débordés par le nombre. Le général Joffre (*depuis maréchal de France*) prescrivit une retraite générale. L'offensive française avait échoué. Le pays allait être envahi.

Le général Joffre
(depuis Maréchal de France)

CHAPITRE IV

La Bataille de la Marne

La retraite. — L'armée française était battue, mais non démoralisée. Tout en prescrivant la retraite, le généralissime songeait déjà à une nouvelle offensive : il l'engagerait dès qu'il aurait rejoint ses réserves et que l'occasion lui semblerait propice. Afin de retarder la poursuite de l'envahisseur, nos troupes se retournèrent fréquemment pour livrer de violents combats, qui furent parfois de véritables succès, comme à Guise (29 août). Maubeuge, qui devait tomber le 8 septembre écrasée par les gros obusiers, ne put contenir l'ennemi et fut débordée. Le passage de la Meuse coûta aux Allemands des pertes sensibles, mais ne les arrêta pas davantage. A notre extrême droite, face aux Anglais, l'aile marchante allemande (général von

---

9ᵉ Récit. — **Un enfant héroïque : Emile Desprès.** — L'invasion en France comme en Belgique, fut marquée par des atrocités sans nombre. Nous ne pouvons recommencer les funèbres énumérations de villes pillées, incendiées, d'habitants torturés, massacrés ou emmenés en captivité. Citons toutefois, le nom de M. Odent, maire de Senlis, fusillé sans raison et enterré sur place, la tête en bas, les pieds sortant de terre ! Mais les écoliers de France seront heureux d'apprendre l'acte de courage que la vue des ignominies allemandes a inspiré à l'un des leurs.

La mort d'Emile Desprès

Le jeune Emile Desprès, âgé de quatorze ans, voit un jour,

Klück) cherchait à nous envelopper. La cavalerie anglaise livrait de durs combats tout en suivant le mouvement général de retraite. Le 2 septembre, les Allemands étaient à Chantilly, aux portes de Paris. Compiègne, Soissons, Laon, Reims étaient occupées. La situation devenait grave. Pour mieux y faire face, le gouvernement se transporta à Bordeaux. Le général Galliéni, nommé gouverneur militaire de Paris, mit le vaste camp retranché en état de défense et assura dans une brève proclamation qu'il défendrait la capitale « *jusqu'au bout* ». Dans ces tragiques circonstances, les Alliés s'engagèrent solennellement, par la déclaration de Londres, à ne pas signer de paix séparée : il fallait faire savoir à l'Allemagne qu'elle ne pouvait amener la France à la capitulation escomptée dès le début de la guerre.

La bataille de l'Ourcq. — Tout en se repliant, l'armée française avait incorporé ses réserves. En même temps, l'armée anglaise recevait d'autres corps de débarquement (1). Nous avions formé deux nouvelles armées : l'une avec Maunoury, près d'Amiens,

---

près de Douchy (Nord), un peloton d'allemands emmener quelques mineurs pour les fusiller. Un sergent français blessé gisait dans un fossé. Celui-ci ne put supporter de voir le lieutenant commandant le peloton outrager une malheureuse femme. Prenant son fusil, il vise l'officier et le tue. Les soldats aussitôt le collent au mur à côté des mineurs et vont chercher leur capitaine pour commander l'exécution. Le pauvre sergent, miné par la fièvre, s'écrie : « A boire ». Aussitôt Emile Desprès, n'écoutant que son bon cœur, court lui chercher un bol d'eau fraîche. Survient le capitaine. D'un coup de pied, il renverse le bol, et l'esprit traversé d'une idée satanique, il tend un fusil au jeune Desprès en lui disant : « Tue le sergent et on ne te fera pas de mal. » Emile Desprès prend le fusil, dirige le canon vers le sergent, puis se retournant brusquement, abat le féroce capitaine. Les soldats étaient prêts à tirer. Un feu de salve, et l'héroïque enfant tomba percé de balles.

---

(1) La « méprisable petite armée anglaise », suivant l'expression de l'empereur Guillaume comptait alors 130.000 hommes.

mais qui devint l'armée de Paris par suite du recul ; l'autre, avec Foch, à notre centre.

Les Allemands, au lieu de continuer leur marche sur Paris, résolurent d'en finir avec l'armée française en essayant de l'envelopper. Pour cela, von Klück obliqua dans la direction de Meaux. Le 5 au soir, des avant-gardes allemandes avaient dépassé Coulommiers en direction de Provins. C'était un mouvement dangereux, car il prêtait à une attaque de flanc de l'armée de Paris. Galliéni lança aussitôt Maunoury contre von Klück.

Le généralissime, qui comptait ne reprendre l'offensive que sur la ligne de la Seine, comprit que l'heure était venue de cesser de reculer. Il donna l'ordre de faire front partout et régla magistralement l'ordre de combat. Du 6 au 12, entre Paris et Verdun, se déroula une immense bataille ou plutôt une succession de batailles particulières dont chacune dépassait en importance les plus grandes batailles de la guerre de 1870.

Les taxis de Galliéni

L'armée Maunoury attaqua avec violence l'arrière-garde de von Klück. Celui-ci aperçut le danger. Il arrêta sa marche foudroyante et ramena toutes ses forces contre cet adversaire qu'il avait ignoré ou méprisé. Ce fut la bataille de l'Ourcq. Pendant trois jours, le 6, 7, 8 septembre, eurent lieu de terribles combats. Le 9, Maunoury courait le risque d'être enveloppé à son tour, mais Galliéni parvint à réunir 10.000 hommes qu'il lui envoya en taxis pendant la nuit. Les Allemands qui croyaient n'avoir plus affaire qu'à des régiments décimés et épuisés, furent stupéfaits d'apercevoir ces troupes fraîches. Ils battirent en retraite dans la journée du 10.

Victoire ! — Le recul de von Klück avait découvert l'aile droite de l'armée allemande voisine. L'armée anglaise (maréchal French) et l'armée Franchet d'Esperey (successeur de Lanrezac) en profitèrent pour l'attaquer vigoureusement. Coulommiers, Montmirail sont repris. Nous repassons la Marne.

10e Récit. — **Paroles de généralissime.** — *Ordre du jour du 6 septembre.* — « Au moment où s'engage une bataille d'où dépend le salut du pays, il importe de rappeler à tous que le moment n'est plus de regarder en arrière. Tous les efforts doivent être employés à attaquer et à refouler l'ennemi. Une troupe qui ne peut plus avancer devra, coûte que coûte, garder le terrain conquis et se faire tuer sur place plutôt que de reculer. Dans les circonstances actuelles, aucune défaillance ne peut être tolérée. » Joffre.

Comme un tel accent était bien celui qui convenait à un tel moment !

Allocution familiale prononcée par le général Joffre dans la petite ville de Thann, en réponse à quelques notables qui étaient venus le féliciter. — « Notre retour est définitif, vous êtes Français pour toujours. La France vous apporte avec les libertés qu'elle a toujours représentées, le respect de vos libertés à vous, des libertés alsaciennes, de vos traditions, de vos convictions, de vos mœurs. Je suis la France : vous êtes l'Alsace. Je vous apporte le baiser de la France. »

Le baiser de Joffre

On sent que, dans cette improvisation, le général a laissé parler son cœur, ce qui était encore le plus sûr moyen de gagner le cœur de ses auditeurs.

Au centre, Foch supporte tout l'effort de la garde prussienne qui cherche à percer notre front. La situation est terrible. Pour un autre, elle serait désespérée. Par une manœuvre habile, Foch, enfoncé à droite, enfoncé à gauche, suivant sa propre expression, n'en charge pas moins la garde et parvient à la rejeter dans les marais de St-Gond. La partie est gagnée à force d'audace. Il entre en vainqueur à La Fère-Champenoise et à Châlons-sur-Marne.

A l'Est, Langle de Cary reprend Vitry-le-François.

S'appuyant au pivot de Verdun, l'armée Sarrail (successeur de Ruffey) lutte désespérément contre le kronprinz allemand. Mais les armées ennemies ont successivement leur flanc découvert. Le recul de l'une entraîne le recul de l'autre. Le 11 et 12 leur retraite s'accentue. Compiègne, Soissons, Reims sont repris. C'est la victoire ! Le monde entier est sauvé de la monstrueuse hégémonie prussienne.

Tel fut le merveilleux résultat de ces journées mémorables. Il est dû à l'habileté du généralissime qui a su déterminer le moment favorable à la reprise de l'offensive. Il est dû surtout à la vaillance de nos troupes et à la coopération fraternelle de nos armées. Si Joffre a vaincu sur la Marne, c'est que Sarrail à Verdun, Castelnau au Grand-Couronné et Dubail sur la Mortagne ont tenu ferme le pivot de l'immense mouvement. Que nous sommes loin de la malheureuse guerre de 1870 où trop souvent nos généraux s'ignorèrent les uns les autres !

CHAPITRE V

La course à la mer

Bataille de l'Aisne. — L'armée allemande en retraite s'arrêta sur une série de positions organisées d'avance, et fit front sur une suite de hauteurs derrière l'Aisne, de Noyon à Soissons, Craonne puis Reims et la Champagne, jusqu'à Verdun.

Nos troupes fatiguées par la poursuite ne purent rompre cette ligne malgré de sanglants combats à Berry-au-Bac, Craonne, Souain. Notre cavalerie était à bout, et le défaut d'artillerie lourde se faisait cruellement sentir. Les Allemands, restés devant Reims, bombardèrent la ville ; ils en incendièrent la magnifique cathédrale.

La course à la mer. — Il fallait renoncer à enfoncer les lignes ennemies. Ne pouvait-on les tourner? Le général de Castelnau, rappelé de Nancy qu'il venait de sauver, fut placé à la tête d'une nouvelle armée qui prit la gauche de l'armée Maunoury. Mais les Allemands avaient eu la même idée que nous : ils avaient envoyé des renforts sur leur droite. Alors de violents combats se livrèrent autour de Roye et de Lassigny sans avantage décisif pour l'une ou l'autre partie. Ces combats, qui durèrent jusqu'au 12 octobre, ne furent cependant pas inutiles, car ils obligèrent les Allemands à remonter vers le nord au lieu d'aller directement à l'ouest pour nous couper de l'Angleterre. C'est cette remontée vers le nord que l'on a appelée la course à la mer.

Une nouvelle armée française avec le général de Maud'huy prit position autour d'Arras où une lutte violente s'engagea. La ville fut presque détruite par le bombardement, mais les ennemis n'y purent entrer (octobre).

Dans le même temps, l'armée anglaise était ramenée de l'Aisne sur la Lys pour barrer la route des Flandres. Elle s'illustra dans les combats épiques de Lens et de La Bassée.

Plus au nord encore, une armée française, avec le général d'Urbal, fut jetée en Belgique afin de soutenir la malheureuse armée belge retour d'Anvers.

Chute d'Anvers. — L'armée belge ne devait pas

11e Récit. — **Le général Foch.** — C'est grâce à l'énergie du général Foch que nos lignes purent être maintenues dans les Flandres. Notre infériorité numérique était telle que nous ne pouvions nous garder partout et qu'il y avait de véritables trous dans notre système de défenses.

On raconte qu'un général français voyant les Allemands s'avancer vers l'un de ces trous, prit lui-même un fusil, arma son état-major, ramassa tout ce qu'il put trouver de plantons, d'ordonnances, de cuistots, et jeta tout ce monde au devant de l'ennemi. Par quel miracle avons-nous pu tenir dans de semblables conditions !

Le maréchal French et le général Foch

Les Anglais, qui sentaient l'impossibilité de résister aux énormes masses allemandes, manifestaient quelque velléité de battre en retraite. Le général Foch l'ayant appris, va trouver le maréchal French.

— Monsieur le maréchal, lui dit-il, l'armée française, quoi qu'il arrive, restera sur ses positions ; je viens vous demander d'en faire autant.

— Mais alors, dit le maréchal, avec ce léger accent anglais dont il n'avait jamais pu se débarrasser, nous allons nous faire « touer »

— Non, monsieur le maréchal, nous allons défendre nos positions de toute notre énergie. Si nous sommes tués, qu'importe ? nous aurons du moins fait tout notre devoir.

Et le maréchal promit de surseoir à l'ordre de retraite. Une seconde fois, Foch venait de sauver la France. Ce ne devait pas être la dernière.

rester inactive dans le camp retranché d'Anvers. Au moment de la bataille de la Marne, elle fit une sortie sur Malines qui nous rendit un grand service en immobilisant devant elle des corps allemands qui nous auraient peut-être empêchés de remporter la victoire. La place ne put toutefois résister aux coups d'une artillerie formidable. Les forts furent écrasés l'un après l'autre, et le 9 octobre, la ville fut obligée de se rendre. L'armée belge put heureusement s'échapper et gagner l'Yser, sauf une arrière-garde qui dut se réfugier en Hollande où elle fut désarmée. Le gouvernement belge vint s'installer au Havre.

La poussée sur Calais. — Le kaiser, n'ayant pu tourner nos lignes, résolut de les percer coûte que coûte de façon à gagner Calais pour de là menacer l'Angleterre. L'aventure du camp de Boulogne le hántait, et il se flattait de réussir là où Napoléon avait échoué.

Les demoiselles au pompon rouge
(*Les Allemands appelaient ainsi nos fusiliers marins*)

La première ruée allemande eut lieu sur l'Yser le 17 octobre. Les Belges tenaient les lignes de Nieuport à Dixmude, appuyés à gauche par la flotte anglaise et à droite par la brigade de fusilliers marins de l'amiral Ronarc'h. Les ennemis s'avancent par masses profondes, irrésistibles. Notre feu les décime, mais il en vient toujours. La vaillante petite armée belge fléchit. Heureusement, voici les Français du général d'Urbal. La vague allemande est maintenue. D'autre part, les fusiliers marins résistent héroïquement à Dixmude. Enfin, le 25 octobre, les Belges s'avisent de rompre les digues de Nieuport. La plaine est inondée et les Allemands ne peuvent plus avancer.

Le kaiser ne s'en tint pas là. Il ordonna de tenter la percée un peu plus au sud, à Ypres. Mêmes attaques en masses et mêmes hécatombes devant l'armée anglaise cette fois. Nos alliés se montrèrent d'une bravoure admirable, mais ils furent plusieurs fois sur le point de fléchir. Heureusement, le général Foch avait été chargé de coordonner les efforts des armées alliées dans le nord. Grâce à lui, quelques divisions, tenues en réserve vinrent au bon moment contenir la poussée ennemie. Au 15 novembre, les lignes étaient fixées; la route de Calais était à jamais barrée aux Allemands. Ypres restait entre nos mains ; mais, comme à Reims, à Arras, un bombardement intense la détruisait de fond en comble ainsi que ses belles Halles et son Hôtel de Ville qui dataient du Moyen-Age et qui étaient célèbres dans le monde entier.

La prise de St-Mihiel. — Pendant qu'avait lieu cette course à la mer dont nous venons de parler, les Allemands avaient cherché à encercler Verdun. Ils attaquèrent le fort de Troyon, dans les Hauts-de-Meuse, sans toutefois réussir à s'en emparer. Ils furent plus heureux avec le fort du Camp des Romains qu'ils écrasèrent sous leur artillerie, ce qui leur permit d'entrer à St-Mihiel (25 septembre). Heureusement tous leurs efforts pour s'étendre sur la rive gauche de la Meuse furent vains. Verdun échappa à l'encerclement.

CHAPITRE VI

Nos tentatives d'offensives en 1915

La guerre de positions.— A la fin de novembre, les fronts sont immobilisés de la mer du Nord à la Suisse sur une longueur de 700 kilomètres. Des tranchées continues séparent les deux partis; elles ne sont distantes que de quelques centaines, parfois même de quelques dizaines de mètres : en avant se trouve un réseau de fils de fer barbelés avec des trous de guetteurs ; en arrière, elles communiquent par des boyaux en zigzag avec les tranchées de seconde ligne où se trouvent des abris, des places d'armes, pour les départs au moment de l'assaut. Plus en arrière encore, sont les cantonnements de repos. A tour de rôle, chaque unité va monter la garde aux tranchées de première ligne. Malheur à qui lève la tête au-dessus du parapet ou garde trop longtemps l'œil au créneau. L'ennemi a d'habiles tireurs, et une balle vient vite frapper l'imprudent.

Quand l'occasion paraît favorable, on sort des tranchées, et l'on enlève aux boches quelques dizaines de mètres de boyaux que l'on organise sous le feu pour les perdre, quelquefois peu d'instants après, dans une contre-attaque. On lutte à l'arme blanche, à la grenade, parfois au couteau. Des armes du moyen-âge sortent de nos arsenaux : grenades, lance-bombes, mortiers, etc. Les Allemands n'ont pas craint de violer le droit des gens et les stipulations de la conférence de La Haye, qu'ils avaient pourtant signées, en introduisant dans la lutte des moyens barbares, comme les gaz asphyxiants et les lance-flamme que nous avons dû nous résigner à employer à notre tour pour ne pas rester en état d'infériorité vis-à-vis d'eux.

Un boche qui se trompe

Se figure-t-on ce qu'est la vie dans les tranchées pendant l'hiver? Il faut rester de longues heures dans la boue ou dans la neige, sous des bombardements parfois très violents. Quel supplice pour nos braves soldats amoureux de l'espace et du grand air ! Ils ont tenu pourtant sans murmurer parce qu'ils sentaient que le salut de la France était à ce prix.

Nos préparatifs. — Les premières rencontres de la guerre n'avaient que trop démontré, hélas ! notre infériorité en artillerie lourde. Elles avaient d'autre part épuisé notre stock de munitions. Il importait d'utiliser le répit relatif que nous laissait la guerre de tranchées pour nous approvisionner. Mais nos mines de fer du bassin de Briey étaient aux mains de l'ennemi ainsi que la plus grande partie de nos mines de charbon et de nos usines métallurgiques. Heureusement que les mers étaient libres grâce à la suprématie navale de l'Angleterre. Nous pûmes faire venir des chevaux du Canada, du blé de l'Argentine, du charbon, du fer, de l'acier, de l'Angleterre et des Etats-Unis. Des usines colossales furent installées dans le voisinage de nos ports ou à côté des usines de guerre déjà existantes. Grâce à cet effort considérable, nous eûmes à la fin de l'été de 1915 un matériel d'artillerie lourde, et notre approvisionnement en munitions fut reconstitué.

L'Angleterre, que la guerre avait surpris comme nous, et qui n'avait même pour ainsi dire pas d'armée, en dehors d'un corps d'expédition coloniale, fit éga-

La relève dans les tranchées

lement des efforts très méritoires pour créer de toutes pièces un matériel d'artillerie moderne et pour amasser des munitions ; en attendant le vote d'une loi sur la conscription obligatoire, elle fit appel à des volontaires : elle leva ainsi une armée de deux millions d'hommes que le général Kitchener (1) organisa d'une façon remarquable.

La conquête des belvédères. — Durant l'hiver et l'été de 1915, les Allemands s'étaient décidés à garder la défensive sur notre front et à porter leur effort principal contre la Russie. Notre intérêt eût été peut-être d'attendre patiemment que notre organisation offensive fût complète avant d'entreprendre une action de quelque envergure. Mais pouvions-nous décemment abandonner nos alliés russes à leurs seules forces, et permettre ainsi aux Allemands de dégarnir notre front pour mieux les accabler? Non certes ; c'est pourquoi nous nous efforçâmes de les harceler sans cesse, afin de ne leur laisser aucun répit. En janvier, du fait d'une crue de l'Aisne qui nous empêcha d'amener des réserves en temps opportun, nous essuyâmes un échec à *Crouy*, près de Soissons.

En février-mars, nous fûmes plus heureux en Champagne, et les combats de *Perthes-les-Hurlus*, *Tahure*, *Beauséjour* restèrent à notre avantage. Dans le même moment, les Anglais remportèrent un succès marqué à *Neuve-Chapelle* en Artois (*10 mars*).

Tout en restant en général sur la défensive, les Allemands n'avaient cependant pas renoncé à leurs grands projets de 1914 : l'encerclement de Verdun et la poussée sur Calais. Durant tout l'hiver, ils cherchèrent à avancer dans les forêts de l'Argonne (*Four de Paris*, *Bois de la Gruerie*), afin de nous couper de la ligne Châlons-Verdun. Ils disposaient de belvédères qui leur permettaient d'apercevoir tous les mouve-

(1) Disparu depuis en mer au cours d'un voyage en Russie, le 5 juin 1916.

ments de nos troupes. Le principal d'entre eux, le massif de Vauquois, fut emporté par nous du 1er au 6 mars, après une lutte épique.

Nos efforts au *bois Le Prêtre* et en *forêt d'Apremont*, pour réduire la « hernie » de St-Mihiel, n'aboutirent pas ; mais nous parvînmes à enlever la position des *Eparges* qui commandait la plaine de la Woëvre (*mars-avril*).

En Alsace, le sommet de l'Armandvillers, *le Vieil Armand*, comme disaient nos soldats, fut pris et repris plusieurs fois. L'acharnement de la lutte s'explique par ce fait que ce piton commande toute la plaine d'Alsace (*février-mars*).

Le 22 avril, commence la 2e bataille d'Ypres. Les Allemands obtinrent au début quelques avantages

---

12e Récit. — **La musique du 46e à Vauquois.** — On ne saurait trop glorifier la conduite héroïque de la musique militaire du 46e de ligne, qui, le 28 février 1915, à Vauquois, pour galvaniser les troupes d'assaut, continua à jouer la *Marseillaise*, en dépit de la mitraille qui éclaircissait ses rangs.

Voici ce qu'en dit un témoin :

« Les yeux fixés sur leur chef d'orchestre, un peu pâles, plus pâles que d'habitude peut-être, les musiciens jouaient comme au jardin des Tuileries, sans une fausse note. Ils en étaient à la mesure : *l'étendard sanglant est levé.....*, lorsque deux musiciens, à droite et à gauche de leur chef, la flûte Delaître et l'alto Engels, tombèrent morts, le premier la carotide tranchée, le crâne du second ouvert par un obus.

Les hommes, qui jouaient sans partition, avaient pu voir tomber leurs camarades ; une petite ombre traversa leurs yeux... Tillocher, basse, déjà blessé, fut atteint à nouveau.

Soudain le 46e de ligne s'élance en trombe dans les premières tranchées ennemies.

« La charge ! » s'écrie M. Laty, le chef de musique.

Et les musiciens commencèrent la charge, aux accents terribles.

Presque aussitôt, un corps s'écroula sur Tillocher ; des trois clarinettes, Laurent tombait frappé d'une balle au ventre. Debout, il a ait saisi par l'épaule son voisin Aigret ; mais Aigret, tout à son devoir, continua sa partie : il secoua l'épaule et se détacha de son camarade sans quitter des lèvres son embouchure..... »

Et cela continua ainsi jusqu'au bout. Dix musiciens furent tués ou blessés. Honneur aux héroïques musiciens de Vauquois !

grâce à une félonie nouvelle, l'emploi des gaz asphyxiants ; mais nous pûmes nous ressaisir, et leur avance fut paralysée. Plus que jamais la route de Calais leur était interdite.

Du 9 mai au 16 juin, eut lieu la seconde bataille d'Arras sous la conduite du général Foch. Les noms de *Notre-Dame-de-Lorette*, de *Carency*, d'*Ablain-St-Nazaire*, de *Neuville-St-Waast*, du *Labyrinthe*, seront à jamais illustrés par nos glorieux exploits. Un instant même, les lignes allemandes furent enfoncées par le général *Pétain*, mais la brèche n'était pas assez large; nous dûmes reculer.

13e Récit. — **Le clairon.** — C'était un clairon de zouaves, dans une tranchée de première ligne. Tout à coup, une vague de gaz asphyxiants est signalée. Tous mettent leurs masques. Mais il s'agit de prévenir les camarades qui sont en seconde ligne, et qui ne se doutent de rien. Vite ! Au téléphone ! Pas de réponse. Les obus et les balles ont coupé les fils. Que faire ? Envoyer quelqu'un ? Mais la vague sera là-bas bien avant l'homme de communication. Le capitaine anxieux, ne sait à quoi se résoudre. Voici le nuage noir. Déjà l'air est empesté. Les minutes sont mortelles.

Le Clairon

A ce moment, simplement, le clairon ôte son masque, et de tous ses poumons, tournant vers l'arrière le pavillon de cuivre, il sonne l'alerte. Les premières mesures résonnent claires, hardies et aussitôt le son s'affaiblit, meurt, renaît et se prolonge, puis s'éteint tout à fait. Les hommes de seconde ligne sont sauvés, mais le clairon est perdu.

Le fameux clairon de Déroulède est lui-même surpassé. Clairon de 1915, nous te saluons à genoux !

La grande offensive de Champagne.—En septembre, nos alliés serbes et russes étaient en fâcheuse posture. Il fallait essayer de les soulager. Une grande offensive fut décidée sur notre front de Champagne. Elle commença le 25 septembre. Après une préparation d'artillerie qui dura 3 jours, nos troupes, pleines d'ardeur, s'élancèrent à l'assaut sur une étendue de 25 kilomètres. Les premières et secondes lignes furent enlevées assez rapidement; malheureusement les troisièmes étaient presque intactes; on ne put les forcer malgré des prodiges de valeur : 25.000 prisonniers et de nombreuses pièces de canon restèrent entre nos mains. Les Allemands contre-attaquèrent; mais ils subirent un échec à la butte de *Tahure*.

En même temps, nos alliés anglais engagèrent la 3e bataille de l'Artois. La petite ville de *Loos*, près de *Lens*, fut prise. *Souchez* fut enlevé après un vigoureux combat.

Les dernières offensives avaient montré que l'on ne pouvait rien contre des retranchements non bouleversés préalablement par l'artillerie ; aussi chez les Anglais comme chez nous, le mot d'ordre fut-il plus que jamais : Des canons ! Des munitions !

CHAPITRE VII

La guerre en Russie

En Prusse orientale. — Malgré la lenteur forcée de leur mobilisation, les Russes furent à même, dès le milieu d'août 1914, d'envahir la Prusse orientale. Le général Rennenkampf franchit le Niemen et battit les Allemands à *Gumbinnen* (17 août). Une autre armée avec le général Samsonoff s'avança vers le sud dans la région des lacs Mazures. Ces deux armées menaçaient Kœnigsberg; mais elles ne purent faire leur jonction. Le vieux général allemand Hindenburg, rappelé à l'activité, eut l'habileté de les séparer et de les battre l'une après l'autre. A *Tannenberg* notamment les Russes furent écrasés et Samsonoff fut tué. Rennenkampf dut se retirer derrière le Niemen. La double offensive russe avait abouti à un échec. Elle ne fut pourtant pas inutile, car elle obligea les Allemands à diriger sur la Prusse orientale des corps entiers sur lesquels ils comptaient pour anéantir l'armée fran-

---

14e RÉCIT. — **Le rouleau compresseur.** — Les premiers succès des Russes, en Prusse orientale, suscitèrent, en France, un enthousiasme extraordinaire. Toutes les espérances semblaient permises. On comptait les jours qu'il faudrait encore à Rennenkampf pour entrer à Berlin. Les plus pessimistes assuraient qu'il fêterait la Noël dans la capitale allemande. La Russie nous apparaissait alors comme un réservoir d'hommes inépuisable et l'armée russe comme une force irrésitible qui devait tout emporter sur son passage ainsi qu'une avalanche. Même cette vieille comparaison semblait insuffisante pour exprimer la réalité, et l'on alla chercher dans l'arsenal de nos puissantes machines modernes, un engin monstrueux pour donner une idée saisissante de la puissance russe : elle agirait sur l'ennemi à la façon d'un « *rouleau compresseur* » dont l'avance est lente, à la vérité, mais dont l'effet d'écrasement est terrible.

Hélas ! Il nous fallut bientôt déchanter. La défaite de *Tannenberg* refroidit notre enthousiasme sans cependant nous l'enlever

çaise, et qui leur firent cruellement défaut à la bataille de la Marne. D'ailleurs Rennenkampf ne tarda pas à prendre sa revanche à la bataille d'*Augustowo* (*25 septembre-3 octobre*), et il entra à nouveau en Prusse orientale d'où il ne devait être chassé une seconde fois par Hindenburg qu'en février 1915.

En Galicie. — Procédant avec lenteur, les Autrichiens ne purent envahir la Pologne que le 25 août; ils s'avancèrent presque sans combattre jusque près de *Lublin;* mais deux armées russes avec les généraux Rousski et Broussiloff entrèrent en Galicie, culbutèrent les Autrichiens et s'emparèrent de Lemberg (*3 septembre*); puis se retournant contre les troupes aventurées en Pologne, elles les défirent complètement à *Rawa-Ruska* (*12 septembre*). Les Autrichiens se réfugièrent, partie dans la forteresse de *Przemysl* où ils furent bientôt assiégés, partie dans la ville de Cracovie où ils attendirent les secours allemands. Przemysl résista jusqu'au 22 mars 1915, époque à laquelle elle dut se rendre au général Dimitrief, qui captura ainsi d'un coup plus de 100.000 hommes et un millier de canons. Les Russes, malgré la neige et malgré le froid, s'avancèrent dans les cols des Karpathes. Ils menaçaient les plaines de Hongrie (*février-mars 1915*).

---

tout-à-fait. Assurément, il ne s'agissait plus d'aller à Berlin; mais si l'armée russe ne pouvait plus avancer, du moins elle continuerait à happer le boche et à le détruire sur place comme une machine à battre le grain!

Enfin la ruée allemande de 1915 nous dessilla les yeux. Tout en conservant une haute opinion de la bravoure de l'armée russe, nous dûmes nous rendre à l'évidence : elle manquait d'artillerie et de munitions, et ses lourds sacrifices en hommes n'arrivaient pas à masquer la *faiblesse*, pour ne pas dire plus, de l'organisation de l'arrière. Cette guerre, plus qu'aucune autre dans le passé, nous a montré qu'une armée nationale est solidaire du pays tout entier. Si l'armée combat à l'avant, c'est l'arrière qui la ravitaille au physique comme au moral; et, quand le pays fléchit par suite de privations ou de corruptions, l'armée est bien près de sa perte.

En Pologne. — Hindenburg, nommé feld-maréchal et généralissime des armées austro-allemandes, résolut de s'emparer de la grande ville de Varsovie, capitale de la Pologne. Une première attaque par le sud-ouest aboutit à une défaite sur la Bzoura (*affluent de la Vistule*) en octobre. Une deuxième attaque foudroyante par l'ouest ne lui réussit pas davantage. Mackensen, un de ses lieutenants, faillit même être encer-

---

15e Récit. — **Audace d'un cosaque.** — De tout temps, les cosaques ont été réputés pour leur bravoure et leur endurance. Ce sont surtout de merveilleux cavaliers qui ne font qu'un avec leurs petits chevaux sauvages, et dont les prouesses sont légendaires.

Un jour quelques cosaques tombèrent dans une embuscade et furent faits prisonniers par les Autrichiens. Le général autrichien se piquait d'être un excellent cavalier. Il voulut en donner la preuve en montant le cheval d'un des cosaques. Mais l'animal s'entêta à ne pas bouger malgré les coups de cravache et d'éperon.

La fuite du cosaque

— Qu'on amène l'homme à qui appartient le cheval, dit le général.

Un cosaque se présenta.

— Ne pourrais-tu faire avancer cette maudite bête ?

— Oh ! certainement, dit le cosaque.

Et il fit entendre un cri sauvage tandis que d'un seul bond il sautait en croupe derrière l'officier qu'il étreignait nerveusement dans ses bras robustes. Le cheval fit un bond prodigieux et partit au galop dans la direction des lignes russes. Les Autrichiens, stupéfaits d'une pareille audace, n'osaient pas tirer de crainte de blesser leur général. D'ailleurs ils étaient à peine revenus de leur surprise que la merveilleuse bête était déjà loin.

Et voilà comment un simple cosaque fit prisonnier un général ennemi dont la capture fut fort appréciée, comme bien on pense.

clé à *Lodz* (décembre). Des batailles effroyablement coûteuses et rappelant celles de l'Yser eurent lieu sur le front des *Quatre rivières* et n'amenèrent aucun résultat. Enfin Hindenburg revint à la charge une troisième fois, en février 1915. Après avoir refoulé Rennenkampf sur le Niemen, il tenta de gagner Varsovie par le nord. Après quelques succès, il fut refoulé à *Prasnysz*. Le front russe n'avait pas cédé.

La retraite russe. — L'attention allait se porter dorénavant sur les Karpathes. Effrayés du péril que courait la Hongrie, les Allemands envoyèrent au secours des Autrichiens le général Mackensen avec une artillerie formidable. Accablés par un déluge de projectiles, privés eux-mêmes de munitions par suite de la déplorable organisation de l'arrière, les Russes furent battus sur la *Dunajec*, sur le *San* et sur le *Dniester*. Przemysl fut repris le 3 juin et Lemberg le 22. Varsovie, attaquée au sud par Mackensen et au nord par Hindenburg, dut cette fois être évacuée par les Russes (*5 août*).

La retraite russe dirigée par le grand-duc Nicolas fut admirable. Nos alliés se replièrent pied à pied sur des positions préparées d'avance, sans se laisser jamais rompre ou encercler, mais au prix de pertes considérables. Les forteresses de Kowno, Grodno, Ossovietz, *Brest-Litowsk, Novo-Georgiewsk* tombèrent aux mains des Allemands. Le 19 septembre, ils entrèrent à *Vilna*.

Enfin les Russes ayant reçu des munitions parvinrent à immobiliser leur front. Il se fixa sur une ligne partant du golfe de Riga et allant jusqu'à la frontière roumaine. Malgré leurs succès considérables, les Allemands n'avaient pu encore obtenir cette fois la décision tant souhaitée : la destruction de l'armée russe.

CHAPITRE VIII

L'Epopée Serbe

Les victoires serbes. — Comme suite à leur insolent ultimatum, les Autrichiens bombardèrent Belgrade dès le 29 juillet 1914. Bien qu'ayant duré plusieurs mois par intermittences, ce bombardement n'amena aucun résultat.

Une armée autrichienne avait en même temps franchi la *Save* et la *Drina* afin d'envahir la Serbie par l'ouest. Elle fut taillée en pièces par les valeureux Serbes aux alentours du mont *Tser* (*15-21 août*).

Une nouvelle armée autrichienne plus forte que la première parvint à refouler dans leurs montagnes les Serbes qui manquaient déjà de munitions. Heureusement la France parvint à les ravitailler. Alors sans plus tarder, ils reprirent l'offensive et remportèrent à nouveau une grande victoire (*massif du Roudnik*). Au 15 décembre, l'armée du roi Pierre rentrait à Belgrade. Toute la Serbie était évacuée par l'ennemi.

La Bulgarie. — On sait que dans la seconde guerre balkanique, en 1913, les Bulgares avaient traîtreusement attaqué les Grecs et les Serbes, leurs alliés de la veille. Honteusement battus et obligés de signer le traité de Bukarest, ils durent se résigner à abandonner la majeure partie de la Macédoine, riche province qu'ils convoitaient depuis longtemps. Ce fut l'origine de haines terribles, à peine déguisées, entre tous ces petits peuples balkaniques. La Macédoine peuplée de Grecs, de Serbes, de Turcs et de Bulgares étaient revendiquée par tous, et l'enchevêtrement des nationalités était tel qu'un partage équitable était impossible. Les Bulgares, qui n'attendaient qu'une occasion de prendre leur revanche, comptaient bien que la guerre mondiale allait leur fournir cette occasion; ils hésitaient seulement sur la question de savoir dans quel camp il était avantageux de s'engager.

La diplomatie de l'Entente eut la naïveté de croire que la Bulgarie n'oserait jamais prendre parti contre la Russie qui l'avait délivrée du joug des Turcs en 1877. Elle lui fit des ouvertures en vue d'une alliance formelle, et elle voulut amener la Serbie à lui céder la Macédoine. Mais les Serbes prétendirent que la Bulgarie avait déjà traité avec l'Autriche ; que son siège était fait, et que toutes les avances des Alliés étaient

---

16e Récit. — **La vaillance des femmes serbes.** — Sur les conseils de la France et de la Russie, le gouvernement serbe avait poussé l'esprit de conciliation jusqu'au sublime, vis-à-vis de l'insolent ultimatum autrichien. Mais sitôt la guerre déclarée, le peuple serbe tout entier témoigna que la crainte n'avait été pour rien dans son extraordinaire esprit de soumission. Il se leva d'un seul élan contre l'envahisseur. Il n'avait plus d'autre alternative que de vaincre ou de périr, et il allait montrer comment un vaillant petit peuple, dans une situation désespérée, peut encore étonner le monde à force d'audace et d'esprit de sacrifice.

Les femmes serbes à l'exercice

Et cependant, il sortait de deux guerres qui l'avaient épuisé ; l'armée était à peine démobilisée, et elle aurait eu tant besoin de repos ! Malgré cela les paysans serbes, dont la brala bravoure égale l'endurance, reprirent les armes sans un murmure. Mais les effectifs sont notoirement insuffisants pour assurer la défense contre un redoutable adversaire ? Qu'à cela ne tienne, on fera appel aux femmes. Elles vinrent s'offrir d'elles-mêmes pour apprendre à faire le coup de feu. Vous les voyez sur la gravure ci-contre, en train de s'exercer sous la direction d'un vétéran des guerres balkaniques. Honneur aux vaillantes femmes serbes !

parfaitement inutiles : ils auraient même voulu qu'on leur permît d'attaquer les Bulgares avant que ceux-ci ne fussent prêts.

Pendant ce temps, l'Allemagne, forte des succès qu'elle venait de remporter sur les Russes, n'eut pas grand'peine à faire comprendre à la Bulgarie que son intérêt bien entendu était de marcher avec elle ; et, pour vaincre sa répugnance à combattre aux côtés de la Turquie, elle obligea celle-ci à lui céder une partie de la ville d'Andrinople. Le 25 septembre, le tsar bulgare Ferdinand prit ouvertement parti contre nous et mobilisa son armée contre les Serbes. C'était un grave échec pour notre diplomatie (1).

Isolement de la Serbie — La Serbie était en droit de compter sur le secours de ses alliés. Mais la Roumanie étant restée neutre, la Russie, d'ailleurs fort mal en point depuis ses défaites, ne put lui faire passer des renforts. La Grèce avait bien un traité formel d'alliance avec elle; seulement le roi Constantin, beau-frère de Guillaume II, prétendit que ce traité ne prévoyait pas le cas d'une guerre européenne, et il resta neutre malgré les efforts de son ministre Venizelos.

Un corps anglo-français fut dépêché en toute hâte à Salonique et s'avança au secours des Serbes par la vallée du Vardar; mais il arriva trop tard pour empêcher leur retraite sur l'Albanie; il dut lui-même rétrograder et se replier sur la ville de Salonique où il se retrancha fortement après avoir reçu des renforts.

Ainsi la malheureuse Serbie restait seule en face des Austro-Allemands avec les Bulgares à dos.

La retraite serbe. — Mackensen, avec une artillerie formidable, écrasa *Belgrade* (*8 octobre*); il s'avança alors sur *Kragoujevatz*, le grand arsenal serbe (*2 no-*

(1) Notre ministre des affaires étrangères, M. Delcassé, donna sa démission. Son successeur, M. Briand, prit en même temps la présidence du Conseil. Le général Galliéni devint ministre de la guerre.

vembre) et *Nich*, la seconde capitale de la Serbie (7 *novembre*).

Pendant ce temps, les Bulgares coupaient le chemin de fer du Vardar et empêchaient la jonction des Serbes avec les anglo-français. Alors, refoulés de partout, les malheureux Serbes reculèrent pied à pied, en faisant une magnifique défense, notamment aux cols de *Babouna* et de *Kachanik*. Coupés de la route de Monastir et des secours alliés, ils durent s'acheminer vers les montagnes de l'Albanie. Alors commença à travers un pays sauvage, inhospitalier et parfois hostile, en plein cœur de l'hiver, dans la boue puis dans la neige, une effroyable retraite qui restera dans les annales de l'histoire comme un des plus beaux exemples d'héroïsme que puisse donner un peuple accablé par le malheur.

Après des souffrances inouïes, 120.000 hommes par-

17ᵉ Récit. — **Les souffrances du peuple serbe.** — Lorsque l'armée serbe dut effectuer sa retraite devant la double offensive austro-allemande et bulgare, le peuple la suivit : hommes, femmes, vieillards, et jusqu'aux jeunes enfants. Le roi Pierre est le dernier du lamentable troupeau. Il a abandonné son automobile. Il n'a pas voulu laisser réquisitionner une voiture dans laquelle se trouvaient une jeune femme et son mari : « Jamais, a-t-il dit, ces voyageurs ne pourraient se procurer un autre véhicule ». Et il est monté sur un caisson d'artillerie traîné par des bœufs ; il s'est assis sur une botte de paille, et le manteau d'un soldat lui sert de couverture sur les genoux. Combien il apparaît plus majestueux dans ce misérable équipage que dans le plus luxueux carosse de gala !

Le vieux roi Pierre de Serbie pendant la retraite

vinrent à gagner les bords de la mer Adriatique, de *Scutari* à *Durazzo* (1). Cette malheureuse armée fut transportée par nos soins et ceux de nos alliés anglais et italiens dans l'île de Corfou, où elle se reforma en vue de rejoindre l'armée anglo-française à Salonique. La Serbie était perdue, mais l'armée serbe n'était pas détruite. La route de Berlin-Bagdad était ouverte aux Allemands, mais ils ne s'y trouvaient pas en sécurité grâce à notre camp retranché de Salonique. Ainsi la partie n'était pas irrémédiablement perdue en Orient.

A mesure qu'on approche des montagnes, le froid devient plus vif, la neige succède à la pluie : on en a parfois jusqu'au ventre ; les chemins qui ne sont que des sentiers de chèvres, ont disparu ; les ponts en bois sont emportés par les torrents ou détruits par les bombes d'avions, car ainsi que des vautours, de sinistres oiseaux allemands survolent ces scènes d'horreur. Les vivres sont épuisés depuis longtemps ; on se traîne ainsi que des spectres ; malheur à celui qui tombe ! il n'est pas relevé, et la neige l'ensevelit immédiatement dans un linceul glacé ; les blessés, sans soins, traînent des plaies hideuses ; et, pour comble de malheur, les Albanais, pillards et voleurs, accueillent parfois les misérables fugitifs à coups de fusil. Le calvaire du peuple serbe a dépassé, en ces tristes journées, tout ce que l'imagination peut concevoir en fait de misères et de souffrances humaines.

Le roi Pierre, à pied, dans les montagnes de l'Albanie

(*Grav. de l'Illustration*)

---

(1) La retraite serbe découvrait le Monténégro qui fut envahi aussi à son tour par les Autrichiens. La chute du mont Lovcen, sa grande forteresse naturelle, qui domine le port de Cattaro, eut lieu à la suite de négociations suspectes que l'Histoire devra éclaircir (*janv. 1916*).

CHAPITRE IX

La Turquie

L'hostilité de la Turquie. — L'emprise allemande sur la Turquie était telle que celle-ci se trouvait réduite à une sorte de vassalité. Néanmoins les Turcs restèrent d'abord dans une neutralité équivoque, et les Alliés, qui avaient fort à faire par ailleurs, fermèrent les yeux sur leurs agissements. C'est ainsi que les deux croiseurs allemands, le *Gœben* et le *Breslau* purent, après le bombardement de Bône et de Philippeville, échapper à la poursuite de la flotte anglo-française, en se réfugiant dans le port de Constantinople, sans provoquer de la part des alliés autre chose qu'une protestation assez platonique. Mais à la fin d'octobre, des vaisseaux turcs ayant coulé des navires russes dans la mer Noire et bombardé un paquebot français à Odessa, il fallut bien se résigner à compter les Turcs au nombre de nos ennemis. Les ambassadeurs anglais, français et russe furent rappelés de Constantinople (3 *novembre 1914*).

Aux Dardanelles. — Ce même jour, une flotte anglo-française bombarda les forts turcs des détroits. Peut-être eût-on pu, par un coup d'audace, au début de la guerre, réussir à forcer le passage des Dardanelles ; mais à ce moment il n'était déjà plus temps ; une longue préparation devenait nécessaire ; et les Turcs, ainsi mis au courant de nos intentions par ce déplorable « avertissement », eurent tout le temps de se préparer à une défense énergique et de faire appel au concours d'officiers allemands.

L'attaque définitive eut lieu le 18 mars. La flotte alliée s'engagea dans le détroit. L'action réussit d'abord ; mais en arrivant dans la portion la plus rétrécie du « goulot », notre cuirassé, le *Bouvet* fut coulé par une mine dérivante ; deux cuirassés anglais sautèrent également, et notre *Gaulois* fut mis hors de combat. Il fallut renoncer à poursuivre une tâche impossible. L'attaque par mer avait échoué.

On résolut alors d'attaquer les défenses par terre, et, le 25 avril, un contingent anglo-français débarqua non sans peine à la pointe de Seddul-Bahr (*presqu'île de Gallipoli*). Des sous-marins anglais pénétrèrent dans la mer de Marmara et coulèrent des bateaux turcs jusque devant Constantinople. Par contre, des sous-

---

18e Récit. — **La fin du « Bouvet ».** — Ecoutez ce qu'en dit le *Bulletin des Armées :* Le commandant du *Bouvet*, Rajeot de la Touche, avait reçu l'ordre de traverser la zône dangereuse des torpilles et de se frayer un passage pour arriver devant les Dardanelles. Le 18 mars, à deux heures et demie, le *Bouvet* se trouvait à cinq milles de l'endroit désigné, en face du port Dardanos, ayant traversé sans incident deux zones de torpilles. A ce moment, le *Bouvet* fut atteint par une mine. Le navire donna d'abord fortement de la bande puis resta trois quarts de minute incliné à un angle de 45 degrés ; il était presque caché à la vue par les flammes et la fumée qui montaient à une grande hauteur ; enfin, tressaillant comme un animal agonisant, il se tourna d'un mouvement brusque sur le côté. Le *Bouvet* s'enfonça par la proue, tandis que les hélices battaient l'air de leurs derniers tours. On entendit, à ce moment, l'état-major du cuirassé, autour duquel était groupé l'équipage, saluer le drapeau du cri mille fois répété de : « Vive la France ! » Une demi-heure après le *Bouvet* et ses héroïques marins disparaissaient dans un nuage de fumée et d'écume.

La fin du Bouvet (*Vive la France !*)

Sur les rives du Bosphore, des femmes grecques, témoins de la magnifique bravoure de nos marins, ont pieusement jeté des fleurs dans la mer et brûlé de l'encens pour honorer les morts du *Bouvet*.

(*Bulletin des Armées*).

marins allemands réussirent à passer dans la Méditerranée et coulèrent plusieurs bateaux alliés. On bombarda alors les îles de la mer Egée et les villes de la côte d'Asie mineure où ils pouvaient venir se ravitailler. Mais dans la presqu'île de Gallipoli, malgré d'héroïques efforts à *Krilhia, Karavas-Dere, Achi-Baba;* malgré un nouveau débarquement anglais dans la baie de *Suvla* pour prendre la défense à revers, nous ne pûmes forcer la résistance turque. En janvier 1916, il fallut se résigner à abandonner la partie. Les troupes anglo-françaises purent être retirées à l'insu des Turcs : elle allèrent renforcer la garnison du camp retranché de Salonique.

En Arménie. — L'Arménie est un pays montagneux situé au sud du Caucase. Elle est habitée par des Kurdes, nomades et musulmans, en même temps

---

19e RÉCIT. — **Les massacres en Arménie.** — Ce n'est pas chose rare qu'un massacre d'Arméniens sous le régime turc. Déjà en 1894, 1896, 1909, les Kurdes, avec la permission des Turcs, et sans que l'Europe s'en soit émue outre mesure, avaient égorgé des Arméniens par milliers; mais les massacres de juin 1915 dépassèrent de beaucoup tout ce qu'on avait vu jusqu'alors. Plus de 500.000 personnes périrent. On emmenait les jeunes filles en esclavage; on chassait les populations hors des villages; et, en rase campagne, on fusillait, brûlait, pendait, tout ce qui vous tombait sous la main! Ce sera l'éternel opprobre des Allemands d'avoir sinon favorisé, du moins toléré ces hideux massacres. D'ailleurs ces horreurs ne faisaient-elles point partie de leur conception de la guerre « fraîche et joyeuse » ? On n'en peut dou-

La chasse aux Arméniens dans les rues de Trébizonde

(Grav. de l'Illustration)

que par des Arméniens, sédentaires et catholiques. Son territoire est divisé entre les Russes, les Turcs et les Perses. Dès la déclaration de guerre, les Russes envahirent l'Arménie turque, mais ils furent bientôt repoussés. En janvier 1915, une nouvelle offensive, mieux préparée, refoula les Turcs en leur faisant de nombreux prisonniers. Le gouvernement turc prétendit alors que les Arméniens s'entendaient avec les Russes : il en fit un massacre épouvantable, avec l'aide des brigands Kurdes, toujours avides de pillage, et sous les yeux complaisants des Allemands.

En 1916, le grand-duc Nicolas prit la direction des opérations sur le front du Caucase. Dans le courant de février, l'armée russe, traversant des chaînes de montagnes presque inaccessibles, parvint, malgré la neige et malgré le froid, à enlever de haute lutte la ville d'Erzeroum, capitale de l'Arménie. En avril, Trébizonde, le grand port de la mer Noire, tombait également aux mains des Russes. En juillet, ce fut le tour d'Erzindjan, dans la haute vallée de l'Euphrate. Enfin les Russes entrèrent aussi en Perse où des bandes d'Allemands tentaient de soulever le pays. De là, ils étaient en mesure de tendre la main aux Anglais qui opéraient en Mésopotamie.

En Mésopotamie. — On sait l'importance qu'avait pour les Allemands la ville de Bagdad, sur le Tigre,

---

ter à la lecture de la lettre que Guillaume, le bon apôtre, écrivait à son compère François-Joseph : « Mon âme se déchire, soupirait-il hypocritement ; mais il faut tout mettre à feu et à sang, égorger hommes, femmes, enfants et vieillards, ne laisser debout ni un arbre ni une maison. Avec ces procédés de terreur, les seuls capables de frapper un peuple aussi dégénéré que le peuple français, la guerre finira avant deux mois, tandis que si j'ai des égards humanitaires, elle peut se prolonger pendant des années. Malgré ma répugnance, j'ai donc dû choisir le premier système ».

Si Guillaume agissait ainsi sur le front français, qu'on juge de la désinvolture avec laquelle les Turcs, ses élèves et ses admirateurs, devaient employer son système avec les Arméniens !

où passait le fameux chemin de fer qui devait les conduire au golfe Persique. Aussi, dès le début de la guerre, une petite troupe anglaise, remontant la vallée du Tigre, s'efforça-t-elle de mettre la main sur cette ligne qui menaçait les Indes. En 1915, elle parvint jusqu'à *Ctésiphon*, à 30 kilomètres seulement de Bagdad. Mais les Turcs, renforcés par les Allemands de *von der Goltz* réussirent à la refouler dans *Kut-el-Amara* où elle fut assiégée. Le général anglais *Towshend* se défendit avec courage durant cinq longs mois. Malheureusement les vivres étant venus à manquer et la colonne de secours qu'il attendait n'ayant pu réussir à le débloquer, il dut capituler avec 9.000 hommes (*28 avril 1915*).

Mais plus tard, le général Maude vengea cette défaite. Il reprit Kut-el-Amara, força les Turcs à évacuer Bagdad, et s'avança à la rencontre des Russes dans la direction de Mossoul.

En Egypte.— C'eût été pour les Allemands, qui dirigeaient la politique turque, une excellente affaire que de nous enlever le canal de Suez, et de nous couper ainsi la route d'Extrême-Orient. Aussi, dès le mois de novembre, ils poussèrent les Turcs à masser des troupes dans la presqu'île du Sinaï, qui domine la mer Rouge. En même temps, ils intriguaient auprès du Khédive d'Egypte qui, au point de vue religieux, dépendait encore un peu du sultan de Constantinople. Ce que voyant, les Anglais déposèrent le Khédive et le remplacèrent par son oncle auquel ils décernèrent le titre de Sultan pour le dégager de toute dépendance vis à vis du sultan turc.

En août 1916, une violente attaque turque aboutit à un sanglant échec à *Romani*, non loin de Port-Saïd. Puis les Anglais enlevèrent le port d'El-Arish et repoussèrent les Turcs loin des rives du canal.

Le sultan de Constantinople, poussé par les Allemands, tenta de soulever les musulmans des possessions anglo-françaises en proclamant la guerre sainte; mais il ne fut pas suivi. Bien au contraire, le shérif de la Mecque, la ville sainte des musulmans, se proclama indépendant (13 juin 1916), et chassa les Turcs des villes d'Arabie où ils tenaient garnison.

Ainsi les Turcs étaient partout réduits à l'impuissance.

CHAPITRE X

Verdun

Coordination des efforts alliés. — Alors que Bulgares, Turcs, Autrichiens et Allemands étaient groupés par une discipline de fer sous la férule de Guillaume II, les Alliés avaient jusqu'ici combattu en ordre dispersé, luttant chacun pour son propre compte. Les inconvénients de cette manière de faire apparurent nettement lorsque la Russie et la Serbie eurent été mises hors de cause, au moins momentanément, par les victoires allemandes. Il fallait aviser.

Sur l'initiative de M. Briand, des conférences eurent lieu soit à Paris, soit à Londres, où toutes les mesures d'ordre militaire ou économique furent discutées avant d'être arrêtées d'un commun accord. Il faut, disait M. Briand, qu'il n'y ait plus désormais pour nous « qu'une seule cause, servie par une seule armée, combattant sur un seul front, contre un seul ennemi, sous une direction unique. »

Ce programme ne devait être complètement réalisé qu'en 1918 ; mais déjà, en 1916, les efforts concertés des Alliés aboutirent à des résultats d'ensemble. C'est ainsi qu'une offensive générale fut préparée sur tous les fronts. Les Allemands résolurent de la prévenir.

Attaque de Verdun. — La forteresse de Verdun gênait considérablement le plan allemand : elle menaçait le bassin minier de Briey dont nos ennemis avaient besoin pour alimenter leur métallurgie; ensuite elle constituait, par sa situation avancée, comme le pivot de la résistance française. Quelle gloire ce serait pour l'héritier de la couronne d'Allemagne d'enlever une telle forteresse qui jouissait d'un renom déjà mondial avant la guerre ! Quel prestige en rejaillirait sur toute la dynastie impériale !

L'attaque fut résolue. Les tentatives d'encerclement de 1914 et 1915 n'ayant pas abouti, on décida de recourir à l'attaque directe avec des moyens puissants. Nos ennemis ne disposaient-ils pas d'une méthode infaillible qui venait de faire ses preuves, lors des avances foudroyantes de Mackensen en Galicie et en Serbie? Ils connaissaient d'ailleurs les points faibles de notre défense : nos premières lignes étaient protégées par des retranchements insuffisants; nous ne disposions pour notre ravitaillement que de la voie ferrée Châlons-Verdun, qui se trouvait même en quelques points sous leur feu, et de la petite ligne à voie étroite Bar-le-Duc-Verdun; notre front en avant de Verdun se déployait en arc de cercle avec, en arrière, la Meuse ; qu'un échec nous obligeât à repasser le fleuve, et les ponts insuffisants ne pourraient permettre le passage d'une armée nombreuse : nous étions acculés à un formidable Sedan !

Perte de nos premières lignes. — Toutes les précautions étant bien prises, semblait-il, le 21 février se déclencha une formidable préparation d'artillerie à grand renfort d'obus asphyxiants et lacrymogènes.

C'était un roulement continu de grosses pièces de tous calibres. On n'avait encore jamais vu pareille intensité de feu. Puis, ce fut une ruée formidable d'ennemis s'avançant en rangs serrés sur nos premières lignes. Malgré des prodiges d'héroïsme, nous fûmes obligés de céder du terrain. *Haütmont*, *Brabant-sur-Meuse*, *Ornes*, *Samogneux* tombèrent aux mains des Allemands. Le fort de *Douaumont* fut pris, ce « pilier angulaire de la forteresse » comme le dénomma pompeusement le kaiser dans un communiqué célèbre.

La situation était grave. Déjà on se demandait s'il ne fallait pas évacuer la rive droite de la Meuse et abandonner Verdun. Heureusement, le généralissime avait envoyé sur place son bras droit, le général de Castelnau. Ce sera l'éternel honneur de celui-ci d'avoir, en cet instant tragique, immédiatement compris qu'il fallait défendre Verdun à tout prix, et d'avoir également trouvé, sur le champ, l'homme qu'il fallait pour exécuter un plan aussi audacieux. Cet homme, c'était le général Pétain, le vainqueur de Carency.

Immédiatement, le combat changea de face. Une charge désespérée de notre merveilleux 20e corps refoula les Allemands au-delà de Douaumont et donna à nos renforts le temps d'arriver. Ceux-ci furent amenés à pied d'œuvre par des camions automobiles, grâce à un véritable tour de force d'organisation. Mais le

---

20e Récit. — **Debout les morts !** — C'était au sud de Verdun, lors des attaques entreprises le 8 avril 1915, pour dégager la région de St-Mihiel. Nous avions conquis, la veille, au prix de luttes terribles, un élément de tranchée qui communiquait par un boyau à une tranchée d'arrière occupée par les Boches. Français et Allemands n'étaient séparés, dans le boyau, que par un barrage de sacs à terre.

Debout les morts !

Tout à coup les Boches contre-attaquent. Les grenades pleuvent de chaque côté du barrage. Une torpille éclate dans un abri et nous tue ou blesse toute une demi-section. Il en résulte un moment de panique. Les morts et les blessés encombrent le boyau. Le barrage cède. Le boyau va être pris. Tant d'efforts surhumains et tant de douloureux sacrifices vont-ils être inutiles ! A cette pensée, l'adjudant Péricard se sent pris de désespoir. Etendu à terre, une blessure au front, une blessure au menton, le visage ruisselant de sang, il se met sur son séant, empoigne un sac de grenades placé devant lui et s'écrie : « Debout, les morts ! » Les blessés, galvanisés par cet appel, font un suprême effort, se redressent, et parviennent à chasser l'ennemi.

— Ce cri sublime souleva l'admiration du monde entier.

kronprinz recevait lui aussi de nouvelles troupes. Le 2 mars, il reprenait *Douaumont*. Le 8 et le 9, il s'acharnait sur le fort de *Vaux* et laissait sur les pentes de cet ouvrage de véritables montagnes de cadavres sans obtenir de résultat. Le fort fut alors écrasé d'obus. Il se défendit sans arrêt jusqu'au 7 juin, jour où il fut forcé de se rendre après avoir perdu presque tous ses défenseurs.

Sur la rive gauche. — L'avance des Allemands sur la rive droite avait découvert leur flanc droit. C'est pourquoi ils durent attaquer également sur la rive gauche pour amener leurs lignes à la même hauteur de part et d'autre de la Meuse.

21e Récit. — **La voie sacrée.** — C'est la route qui va de Bar-le-Duc à Verdun. On l'appelle ainsi parce qu'elle a véritablement sauvé la France en permettant le ravitaillement de Verdun dans les circonstances tragiques que l'on sait. On a compté que certain jour 6.000 camions sont passés en un point déterminé de cette route, ce qui fait en moyenne un camion toutes les 14 secondes.

La voie sacrée

Regardez la gravure ci-contre. Il y a deux convois, l'un montant, l'autre descendant. C'est la nuit : l'arrière de chaque voiture est éclairé violemment par le phare d'avant de la voiture qui suit. Il y a deux conducteurs sur chaque camion : l'un se repose pendant que l'autre est au volant, car l'on marche jour et nuit. Une minute d'inattention, et c'est la terrible embardée dans le fossé. Au premier plan, on aperçoit quelques braves territoriaux armés de pelles et de pioches : ils sont chargés de la réfection de la route ; mais à peine ont-ils le temps de jeter quelques cailloux sur la chaussée dans l'intervalle du passage de deux voitures. Quelle somme d'efforts il a fallu pour amener sur la ligne de feu : troupes de relève, munitions, vivres, etc. ! On en reste confondu d'admiration.

En mars, ils parvinrent à s'emparer de *Forges* et du bois des *Corbeaux*. En avril, une grande attaque contre le *Mort-Homme* échoua ; mais nous dûmes abandonner les villages de *Morlancourt* et de *Béthincourt*. En mai, nouvelles attaques contre le Mort-Homme et la cote 304. L'ennemi parvint à y prendre pied, au prix de lourdes pertes ; toutefois, il ne put avancer plus loin.

De ce côté, désormais, le front était également fixé.

Sur la rive droite. — N'ayant pu obtenir de décision sur la rive gauche, les Allemands se ruèrent à nouveau sur la rive droite à la fin du mois de juin. Jusqu'au milieu de septembre, il y eut des combats épiques autour de *Fleury, Souville, Thiaumont;* mais les attaques ennemies vinrent expirer dans les fossés du fort de Souville : ce fut le terme extrême de leur

---

22e Récit. — **Courage, on les aura !** — Le dimanche 9 avril 1916, les Allemands déclenchèrent sur la rive gauche de la Meuse, particulièrement dans le secteur du Mort-Homme, une attaque de grande envergure. Elle fut brillamment repoussée. C'est à la suite de ce succès que le général Pétain adressa à ses troupes l'ordre du jour suivant dont les termes respirent l'allégresse et sont prometteurs de victoires futures :

« Le 9 avril est une journée glorieuse pour nos armes.

« Les assauts furieux des soldats du kronprinz ont été partout brisés : fantassins, artilleurs, sapeurs, aviateurs de la 2e armée ont rivalisé d'héroïsme.

« Honneur à tous !

« Les Allemands attaqueront sans doute encore. Que chacun travaille et veille pour obtenir le même succès qu'hier.

« Courage. On les aura !

« « Ph. Pétain. »

Courage, on les aura

avance. Puis les attaques devinrent moins violentes : c'est que la vigoureuse offensive de la Somme obligeait les Allemands à dégarnir leur front de Verdun pour parer aux formidables coups de bélier des Anglais et des Français.

Le général Nivelle (1) n'hésita pas à prendre l'offensive. Au nombre des combats qui furent livrés sous Verdun en cette fin d'année 1916, il convient de citer particulièrement deux brillantes attaques du général Mangin : le 24 octobre, après une savante préparation d'artillerie, il enleva brillamment le fort de Douaumont; le 15 décembre, il réussit à refouler les Allemands presque jusqu'à leurs lignes de départ. Verdun était sauvé. Notre magnifique résistance avait pour nous la signification d'une grande victoire.

23e Récit. — **Le nom de Verdun.** — La défense de Verdun a suscité dans tout l'univers une admiration profonde. Alors que les plus puissantes forteresses : Anvers, Liège, Maubeuge, n'avaient pu tenir plus de quelques jours devant les monstrueux obusiers allemands, il s'est trouvé une ville qui a défié, pendant plusieurs mois, les assauts répétés des plus vaillantes troupes du kronprinz : c'est qu'elle était défendue par une armée de héros. Gloire leur soit rendue à jamais !

Nos bons alliés les Anglais ne furent pas les derniers à manifester leur enthousiasme. Qu'on en juge plutôt par cette anecdote émouvante dans sa simplicité. Un haut personnage français visitait Londres en cette mémorable fin d'année 1916. Il fut convié à un dîner où figuraient nombre d'invités de marque : hommes politiques, hauts fonctionnaires et membres de l'aristocratie britannique. A un moment du repas, notre voyageur vint à parler de ce qu'il avait vu sur le front français et prononça le nom de Verdun. Comme s'il s'agissait d'un mot magique, toute l'assemblée se leva et resta debout un instant, à la grande stupéfaction du Français. Le maître de la maison, voyant son étonnement, lui dit simplement : « Nous avons pris l'habitude, lorsque l'on prononce devant nous le nom de Verdun, de nous lever en témoignage de notre respect et de notre gratitude. »

---

(1) Le général Nivelle remplaça Pétain devant Verdun le 6 mai 1916 et fut nommé généralissime en décembre.

CHAPITRE XI

Les offensives des Alliés en 1916

Sur la Somme. — La magnifique résistance de nos troupes à Verdun avait permis aux Alliés d'accroître puissamment leur matériel de guerre; elle leur avait donné le temps également de dresser le plan d'une offensive générale sur tous les fronts. Or, à la fin de juin, la situation de Verdun se trouvait délicate; les Allemands étaient parvenus aux abords de la place. Il importait de dégager la forteresse. C'est alors que fut résolue l'offensive franco-anglaise de la Somme. Elle eut lieu le 1er juillet. Les Anglais attaquèrent sur l'Ancre et nous sur la Somme. Comme les offensives précédentes, elle fut précédée d'une formidable préparation d'artillerie.

Un premier bond en avant porta nos troupes jusqu'aux environs de Péronne; mais les Anglais se heurtèrent à de puissantes organisations défensives, et ne purent avancer que lentement. Heureusement que les approvisionnements en projectiles étaient considérables. Aussi ne fûmes-nous pas obligés, nos alliés et nous, d'arrêter notre offensive au bout de quelques jours, comme en 1915 : elle fut poursuivie durant plusieurs mois. On ne s'obstinait pas à lancer l'infanterie sur des obstacles insuffisamment détruits, comme cela était malheureusement arrivé trop souvent dans les débuts de la guerre ; on consolidait chaque avance par de solides retranchements, et on recommençait la préparation d'artillerie.

La prise des villages de *Maurepas*, *Thiepval*, *Sailly-Sallisel*, *Bouchavesnes*, *Combles*, donna lieu à de brillants faits d'armes. En septembre, les Anglais firent usage de *tanks* pour la première fois. Ces forteresses mouvantes rendirent de grands services contre les mitrailleuses ennemies. Fin septembre, le généralissime pouvait féliciter les troupes des résultats obtenus : Verdun dégagé, 25 villages reconquis, 35.000 prisonniers, lignes ennemies enfoncées sur une profondeur de 10 kilomètres. De leur côté, les Anglais avaient repris une quinzaine de villages et fait 2.700 prisonniers.

24e RÉCIT. — **Un tank.** — Toc ! Toc ! Toc ! Les mitrailleuses allemandes ont ouvert le feu contre nous : On dirait une masse de grêlons frappant les vitres d'un train en marche. En voilà des balles perdues !.....

Un tank
(Grav. de l'Illustration)

Notre machine avance de sa marche régulière et inexorable. Un fossé ! nous le franchissons ; un talus ! nous l'escaladons ; un amas de moellons provenant d'une maison démolie ! nous passons à travers. Et voici tout à coup les premiers réseaux de fils de fer barbelés. Notre tank ne fait pas même un effort : tout casse, tout se brise, tout est arraché. Les piquets de bois sautent de tous côtés, les chevaux de frise sont écrasés. J'ai l'impression d'être à l'intérieur d'un gigantesque coin de fer qui entrerait dans du beurre. Quant à nous, nous tirons sans relâche, la main sur notre « outil », l'œil collé au « regard » percé dans le blindage. La sueur ruisselle sur notre front.

Un heurt ! un halètement puissant ! un dernier temps d'arrêt à peine perceptible : l'avant de notre machine écarte les sacs de terre et de ciment et les rejette de chaque côté, comme fait le soc d'une charrue en labourant la terre. Un heurt plus sec ! Une sorte de coup sourd, un craquement : nous entrons dans un mur qui cède. Nous broyons des engins. Des grenades éclatent sur notre blindage. Nous sommes en plein sur le nid, et soudain, de vilaines têtes de Germains, l'épouvante peinte sur le visage, nous apparaissent des deux côtés.

(LECTURES POUR TOUS, Hachette, éd.).

En Russie. — Depuis les victoires allemandes de 1915, le front russe était restée à peu près immobilisé. Il se réveilla soudain, au début de juin 1916, lorsque le général Broussiloff prit l'offensive, au sud de la Pologne et en Bukovine, contre les Autrichiens. Ceux-ci furent complètement défaits et se virent enlever successivement : Loutsk, Csernovitz, Kolomea, Brody, Stanislau (*juin-août*).

Les Allemands, avec Hindenburg, accoururent au secours de leurs alliés. De furieux combats sans résultats décisifs eurent lieu sur le *Styr* et le *Stokhod*. Les Russes, arrêtés par le manque de munitions, durent encore une fois renoncer à poursuivre leurs succès. Néanmoins les résultats déjà obtenus étaient magnifiques : 420.000 prisonniers, 600 canons, 2.500 mitrailleuses sans compter l'aide que cette puissante offensive nous avait apportée sur le front occidental.

En Roumanie. — A la déclaration de guerre de 1914, le roi Carol de Roumanie aurait voulu faire cause commune avec les Empires centraux; ses ministres l'obligèrent à garder la neutralité. Le pays songeait bien plutôt à s'emparer de la Transylvanie, province hongroise peuplée de Roumains, et pour cela à se ranger à nos côtés. Ferdinand Ier, proclamé roi à la mort de son oncle, en octobre 1914, nous était favorable. Mais la Roumanie n'était pas prête; d'autre part, elle était presque entourée par les armées ennemies; mieux valait attendre l'heure propice. Cette heure parut sonner, lors de la brillante offensive de Broussiloff. La Roumanie hésitait encore cependant parce que les Russes lui marchandaient un peu trop les renforts demandés (1). Le gouvernement russe la mit brutalement au pied du mur : « Ou maintenant ou jamais »

(1) Ils lui assuraient que ces renforts n'étaient pas nécessaires; que les Bulgares n'oseraient jamais marcher contre les troupes russes (Sturmer). Etait-ce inconscience ou déjà trahison ?

fit-il dire au gouvernement roumain. Celui-ci se décida alors à déclarer la guerre à l'Autriche (27 août).

Les Roumains prirent immédiatement l'offensive : ils franchirent les défilés des Karpathes pour entrer en Transylvanie. Ils s'avancèrent jusqu'à *Kronstadt* et *Hermanstadt*. Malheureusement là s'arrêtèrent leurs succès. Les Allemands avaient massé des forces considérables contre ce petit peuple. Mackensen entra en Dobroudja pour épauler les Bulgares; il s'empara de la forteresse de *Silistrie* puis du port de *Constantza*

25e Récit. — **Les pétroles roumains.** — La Roumanie est une des régions pétrolifères les plus riches du monde. Dans les vallées de la Prahova, du Buzeu, ce n'étaient que mines, sondes, réservoirs, raffineries. On peut dire que l'or suait par tous les pores du sol sous forme de jets de pétrole.

Puits de pétrole en Roumanie

Au moment où l'invasion allemande déferlait des Karpathes, une cruelle alternative se dressa devant le gouvernement roumain. Fallait-il passer par le fer et par le feu les plus riches contrées de la Roumanie ou bien laisser aux ennemis ces pétroles, ces benzines, ces huiles lubrifiantes dont ils avaient un si pressant besoin. Après quelques hésitations bien compréhensibles, le gouvernement roumain se résigna au douloureux sacrifice.

Des équipes d'ouvriers furent mis à la disposition d'officiers français et anglais, et la dévastation méthodique commença. On détruisait les usines électriques, on faussait les machines, on bouchait les trous de sonde. Rencontrait-on un réservoir à pétrole ? Vite on creusait une rigole entre le réservoir et l'usine la plus proche. Le temps de faire sauter la bonde, d'approcher une allumette, et une mer de feu lançait des tourbillons de flammes jusqu'au ciel !

L'œuvre de dévastation a coûté plus d'un milliard à la Roumanie.

(*septembre-octobre*). Falkenhayn, pendant ce temps, refoulait les Roumains dans les défilés des Karpathes où ils purent se maintenir encore un mois. Ensuite nos malheureux alliés durent reculer en cédant le terrain pied à pied. La capitale roumaine, *Buckarest* se trouva bientôt menacée de deux côtés : au nord par Falkenhayn, au sud par Mackensen, qui avait réussi à franchir le Danube. Buckarest tomba le 6 décembre ; Braïla, le 7 janvier.

L'invasion germanique s'arrêta sur le Seretch où les Russes avaient préparé de solides défenses. Pourquoi, dira-t-on, ne sont-ils pas venus plus tôt au secours des Roumains? La question est restée assez obscure. Il paraît y avoir eu de la part du premier ministre russe Sturmer, le protégé de la tsarine, une véritable trahison. Celui-ci aurait voulu, paraît-il, obtenir une paix séparée avec l'Allemagne. Et c'est volontairement qu'il aurait empêché Broussiloff de continuer ses succès, et qu'il aurait refusé de secourir à temps les Roumains. Quoi qu'il en soit, le mal était fait, et les contrées les plus riches en blé et en pétrole se trouvaient désormais entre les mains des Allemands.

Sur le front de Salonique. — Pendant longtemps, les armées alliées, placées sous le commandement du général Sarrail, avaient été assiégées en quelque sorte dans le camp retranché de Salonique. Elles avaient à se défendre à la fois contre les Germano-Bulgares à l'avant et contre les menées du roi de Grèce Constantin à l'arrière. Des régiments grecs poussèrent même la félonie jusqu'à livrer aux Bulgares des forts de la frontière et le port de *Cavalla*. Ainsi, par la faute de Constantin, non seulement nous ne pouvions faire l'offensive qui aurait dû soulager les Roumains, et qui leur avait été promise lors de leur entrée en campagne, mais nous devions songer à nous défendre nous-mêmes contre les Bulgares. Ceux-ci, en effet, tentèrent de percer notre front pour donner la main à leurs complices de la cour du roi de Grèce. Ils obtinrent au début quelques succès : ils parvinrent même à refouler les Serbes et à s'emparer de la ville de Florina ; mais le coup fut heureusement paré ; la ville fut reprise ; et, quelque temps après, Français et Serbes enlevaient Monastir, où le prince Alexandre de Serbie fit une entrée triomphale. C'était la première ville récupérée par nos vaillants alliés.

Cependant le roi Constantin continuait ses menées

26e Récit. — **Les vêpres athéniennes.** — L'histoire nous rapporte que le lundi de Pâques de l'année 1282, à l'heure des vêpres, les Français furent surpris et massacrés dans toute l'étendue de la Sicile. C'est ce que l'on a appelé les *Vêpres siciliennes.* Par analogie, on a désigné sous le nom de *Vêpres athéniennes* l'attentat traîtreusement perpétré par les soldats du roi Constantin contre nos marins à Athènes, le 1er décembre 1916. Voici dans quelles circonstances.

Tombes des marins tués à Athènes le 1er décembre 1916

Les puissances de l'Entente ne se décourageaient pas de discuter avec le roi de Grèce sur les mesures à prendre pour assurer le succès de nos troupes en Orient. Et Constantin continuait sans vergogne à abuser de l'inlassable bonne foi de nos représentants. Le gouvernement royal ayant refusé de livrer les armes et les munitions réclamées par nous, un débarquement fut décidé. Pour éviter tout contact avec les troupes grecques, on indiqua à Constantin les points que nous devions occuper. C'était pousser la candeur un peu loin. Aussi lorsque le 1er décembre au matin, nos marins sans méfiance, arrivèrent aux endroits qui leur avaient été assignés, un tir repéré à loisir, les accueillit inopinément, et fit parmi eux de trop nombreuses victimes. Les canons de la flotte durent intervenir pour les dégager, et finalement on dut leur faire regagner leurs unités. Tel est l'odieux guet-apens sinon organisé, du moins suggéré ou tout au moins toléré, par le traître Constantin.

de trahison. Le 2 décembre nos marins furent massacrés dans les rues d'Athènes (1). Après quelques tergiversations, les Alliés établirent un blocus rigoureux autour de la Grèce et imposèrent le désarmement des troupes royales. Constantin fit alors semblant de se soumettre, mais ce n'était pas sincère; il fit tant et si bien que les Alliés à bout de patience exigèrent son abdication et le remplacèrent par son second fils Alexandre, avec Venizelos comme premier ministre.

---

(1) Pour l'honneur de la Grèce, il faut dire que Venizelos s'était séparé du roi depuis quelque temps déjà et n'avait pas hésité à fomenter un mouvement insurrectionnel. Un gouvernement provisoire, dont il fut le chef, s'installa à Salonique où une petite armée s'organisa en vue de rejoindre nos troupes.

CHAPITRE XII

L'Italie

Préliminaires de guerre. — L'Italie faisait partie de la Triple Alliance. Aussi nous nous demandions avec anxiété, lors de la période de tension diplomatique qui a précédé la guerre, si nous allions avoir à la ranger au nombre de nos ennemis. Cependant elle avait loyalement joint ses efforts à ceux de la France, de l'Angleterre et de la Russie pour tâcher d'empêcher le conflit. Alors, voyant que les Empires centraux passaient outre, elle s'appuya sur le caractère strictement défensif de son alliance pour déclarer qu'elle resterait neutre. C'était pour nous un grand soulagement. Nous allions pouvoir envoyer nos corps alpins en Alsace où ils ne devaient pas tarder à se distinguer.

L'opinion italienne était divisée au sujet de la guerre. Les uns, se souvenant de l'aide française de 1859, et songeant aux nombreux Italiens de race que l'Autriche retenait encore malgré eux à Trente et à Trieste, auraient voulu prendre place à nos côtés. Les autres, persuadés de la victoire des Empires centraux, voulaient conserver la neutralité, et assuraient qu'on obtiendrait ainsi, sans verser de sang, par voie de concessions gracieuses, les terres irrédentes. Guillaume II, informé de ce qui se passait, envoya à Rome son plus habile diplomate, le prince de Bülow. Celui-ci fit de belles promesses ; mais il ne put amener l'Autriche à faire des concessions suffisantes. Le Président du Conseil italien, M. Salandra, soutenu par le roi Victor-Emmanuel III, prit résolument parti. Le 4 mai 1915, il dénonçait la Triple Alliance, et, le 24, il déclarait la guerre à l'Autriche (1).

(1) L'opinion italienne avait été fortement remuée par l'engagement dans l'armée française d'une légion de volontaires italiens,

Offensive italienne. — Sitôt la déclaration de guerre, l'armée italienne prit l'offensive. C'était pour elle une impérieuse nécessité. L'Autriche, qui prévoyait un conflit avec l'Italie depuis longtemps, avait réussi à s'assurer toutes les positions dominantes de la frontière, et les avait couvertes de puissantes fortifications : elle tenait ainsi toutes les routes d'invasion. C'est pour prévenir une irruption des Autrichiens dans les plaines de la Vénétie que les Italiens s'efforcèrent de porter la guerre en pays ennemi.

Dans la vallée de l'Adige, ils enlevèrent la petite ville *d'Ala* et poussèrent jusqu'aux portes de *Rovereto*. En remontant la Brenta, ils occupèrent le val Sugana; et, plus au nord, dans les montagnes des Dolomites, ils s'emparèrent de *Cortina d'Ampezzo*. Dans les Alpes de Carnie, ils détruisirent plusieurs forts autrichiens et parvinrent aux cols de *Tarvis* et de *Prédil* d'où ils dominaient la vallée de la Drave.

Mais c'est dans la vallée de l'Isonzo qu'eurent lieu les actions les plus importantes. En juin 1915, l'armée italienne franchit le haut Isonzo et s'empara du *Monte Nero* ; dans le bas Isonzo, elle occupa *Monfalcone* avec ses importants chantiers de constructions navales ; enfin, dans le moyen Isonzo, elle parvint à enlever *Plava*, ce qui lui permit de passer sur la rive gauche du fleuve et de mettre le siège devant *Gorizia*. Des luttes sanglantes se déroulèrent tout autour de la ville et sur les sauvages plateaux rocheux du Carso, sans amener de résultat décisif.

---

dont les six petits-fils de Garibaldi, et plus encore par la mort glorieuse de deux de ceux-ci, dans les forêts de l'Argonne, en janvier 1915.

D'autre part, le poète Gabriel d'Annunzio avait littéralement électrisé la foule, par son verbe enflammé, lors de la cérémonie du Quarto, à l'inauguration du monument du Mille. Dès lors, les neutralistes furent débordés, et M. Salandra eut les mains libres. Toutefois, avant de déclarer la guerre ,il se fit garantir par les Alliés, la maîtrise de l'Adriatique. (*Accord de Londres, 26 avril 1915*).

Offensive autrichienne. — Surpris par la déclaration de guerre de l'Italie, les Autrichiens avaient dû rester sur la défensive pendant toute l'année 1915. Mais dès le printemps de 1916, ils résolurent, suivant le mot de l'empereur Guillaume, de faire passer aux Italiens « le goût de la trahison ». Pour cela, ils massèrent une armée de 400.000 hommes, avec une formidable artillerie, entre l'Adige et la Brenta. La lutte s'engagea le 15 mai. Les Italiens, accablés par un déluge de projectiles, tinrent bon cependant aux deux ailes ; mais ils furent repoussés au centre, et forcés de se replier sur le plateau des *Sept communes*. Les villes d'*Asiero* et d'*Asiago* furent prises. A la fin du mois de mai, la situation était très critique, car la plaine de Vicence était menacée, et Venise se trouvait en grand danger ; bien plus, l'armée du Carso courait le risque d'être coupée : elle pouvait être faite prisonnière d'un seul coup. Heureusement, le généralissime italien

---

27e Récit. — **Les Italiens dans les Alpes.** — Il n'est pas un Français qui, lisant les communiqués du début de la guerre, et cherchant à situer les noms sur la carte, n'ait eu cette impression que l'avance italienne était d'une lenteur désespérante. C'est que l'on ne se rendait pas compte des difficultés effroyables qu'il y avait à surmonter dans ces pays de montagnes. Enlever un pic, forcer le passage d'un col, exigeaient des opérations d'une hardiesse peu commune !

En teleferia

Pour ravitailler les troupes, il fallait percer des tunnels dans la neige, cotoyer des abîmes, parfois les franchir sur un câble jeté audacieusement d'un bord à l'autre en « teleferia », risquant à tout instant des chutes vertigineuses.

Cadorna disposait de puissantes réserves qu'il put amener en temps utile sur le plateau des Sept communes. L'avance autrichienne fut enrayée.

En même temps, les Russes prenaient l'offensive en Galicie. De violentes attaques obligèrent les Autrichiens à dégarnir leur front du Trentin. Grâce à cette heureuse diversion, Cadorna put reprendre Arsiero et Asiago (*fin juin*), et refouler ses adversaires de l'autre côté de la frontière (*juillet*).

Prise de Gorizia. — L'Italie était sauvée. Toutefois elle ne resta pas inactive. Dès qu'elle le put, elle tint à participer à l'offensive générale, qui avait été concertée entre les Alliés. Son principal effort se porta sur l'Isonzo. Gorizia, investie depuis longtemps, tomba enfin aux mains des Italiens le 9 août. C'était la première ville de quelque importance récupérée sur

---

Maintes fois les Italiens durent creuser des routes dans les rochers, établir des ponts sur les précipices, monter des pièces d'artillerie à bras d'hommes et les jucher sur des emplacements que les Autrichiens avaient crus inaccessibles.

Les alpins italiens

L'attaque du Monte Nero, par exemple, fut une opération d'une grande hardiesse. Il fallut s'avancer sans bruit, grimper sur des parois à pic afin d'atteindre des positions d'où l'on pût s'élancer par surprise sur l'ennemi. Quelques alpins durent même enlever leurs souliers; et c'est les pieds nus qu'ils s'avancèrent dans l'obscurité jusqu'à quelques mètres des retranchements autrichiens qui furent enlevés à la grenade et à la baïonnette.

Conçoit-on maintenant ce qu'une avance imperceptible sur la carte, représentait de peine, d'endurance et d'héroïsme ?

les Autrichiens en attendant le tour de Trente et de Trieste. Pendant les mois qui suivirent, la lutte continua âpre et violente sur les rochers du Carso. L'avance fut lente de ce côté. Pourtant, à la fin de septembre, Trieste était en vue, à une vingtaine de kilomètres au-delà des lignes italiennes.

La manœuvre de paix allemande.— Ainsi, à la fin de cette troisième année de guerre, la décision n'avait encore été obtenue en aucun point, pas plus sur le front oriental que sur le front occidental. A ne considérer que la carte de guerre, le peuple allemand pouvait toujours se croire vainqueur ; mais que lui réservait l'avenir?

Guillaume et ses alliés comprirent que le moment était venu de liquider à leur profit une affaire qui risquait de tourner mal. Ils nous firent des ouvertures de paix. C'était un piège tendu à la lassitude des Alliés. Ceux-ci ne s'y laissèrent pas prendre. Accepter la paix allemande dans ces conditions, c'était admettre l'hégémonie de l'Allemagne sur le monde entier ; c'était surtout lui permettre de reprendre plus tard une opération qui n'avait qu'à moitié réussi cette fois-ci. M. Briand fut chargé de faire la réponse au nom de l'Entente. Il réfuta les assertions des Allemands qui prétendaient rejeter sur nous les responsabilités de la guerre et proclamaient déjà leur victoire. Pas de paix possible, tant que nous ne serions pas assurés de réparations pour les crimes commis ou les droits violés, et tant que nous n'aurions pas de sérieuses garanties pour l'avenir. Ainsi fut déjouée l'offensive de paix allemande.

CHAPITRE XIII

Sur Mer

Suprématie des alliés. — A la déclaration de guerre, en août 1914, la suprématie navale des alliés était évidente. L'Angleterre avait toujours veillé à ce que sa flotte fût deux fois aussi forte que la flotte allemande. Notre flotte jointe à celle de la Russie était bien supérieure également à la flotte autrichienne. En outre la flotte japonaise et la flotte italienne allaient bientôt se joindre à nous et accroître encore notre supériorité. C'est pourquoi les Allemands se gardèrent bien de risquer leurs beaux navires de guerre en haute mer ; ils les laissèrent soigneusement à l'abri dans la rade de Kiel. Les Autrichiens firent de même, et abritèrent leurs vaisseaux dans les ports de Pola et de Cattaro. Aussi pûmes-nous sans aucune gêne transporter nos troupes d'Afrique en France, car la ridicule équipée du *Goeben* et du *Breslau*, dont il a été parlé plus haut, n'avait pas eu de lendemain.

Un grand nombre de navires de commerce allemands avaient été surpris en pleine mer par la déclaration de guerre. Nos croiseurs en capturèrent plus de 200. D'autres étaient restés dans les ports, préférant l'internement pendant toute la durée de la guerre aux risques d'une traversée. Ceux qui s'étaient réfugiés dans les ports de l'Italie, du Portugal, des Etats-Unis, du Brésil, nous revinrent lorsque ces peuples eurent grossi le nombre des Alliés. Par contre, quelques-uns de nos bateaux furent coulés par les croiseurs allemands du Pacifique.

Combats navals. — Il importait, pour notre tranquillité, de purger la surface des mers des corsaires allemands qui étaient encore disséminés dans l'Atlan tique et le Pacifique. La marine anglaise s'attela à cette besogne.

Elle débuta par un insuccès. Le 1er novembre 1914, le long des côtes du Chili, à *Coronel*, une escadre allemande commandée par l'amiral von Spee surprit trois croiseurs anglais, en coula un, et en mit un autre hors de combat. L'amiral anglais fut au nombre des victimes.

Cet échec fut très sensible à nos alliés. Ils se hâtèrent d'envoyer de nouveaux croiseurs à la poursuite des navires de von Spee. Celui-ci venait de passer dans l'Atlantique et se trouvait le 8 décembre devant les îles Falkland, lorsqu'il rencontra la flotte anglaise de l'amiral Sturdee. La victoire des Anglais fut complète. Quatre croiseurs allemands sombrèrent avec leurs équipages ; les autres furent pris ou durent se réfu-

---

28e Récit. — **Les marins du Blücher** — Il faut savoir reconnaître la bravoure, même chez ses ennemis. Celle des marins du *Blücher* est indiscutable. Lors de l'affaire du *Dogger-Bank*, ce croiseur se trouvait le dernier de l'escadre allemande qui fuyait, en toute hâte, vers ses ports. Tous les navires anglais firent converger leurs feux sur lui. Bientôt couvert d'obus, il prit feu. « C'était, dit un témoin, une explosion continuelle. Le pont ne présentait plus qu'un enchevêtrement de morceaux de fer ». Les officiers survivants réunirent les marins. Tous ces hommes poussèrent des « hoch » en l'honneur du navire, et ne quittèrent le bord qu'après y avoir été autorisés. Deux cents marins seulement purent ainsi quitter le Blücher avant qu'il sombrât.

Le Blücher sombre

gier dans des ports neutres où ils furent internés. Les corsaires allemands avaient disparu cette fois de la surface des mers.

Il fallait en outre empêcher la flotte allemande de haute mer de sortir de ses retraites. On ne pouvait songer comme autrefois à faire croiser des navires de guerre devant Kiel ou Wilhemshaven : ils auraient servi de cible aux sous-marins ; mais si la grande flotte anglaise était obligée de rester près des côtes d'Angleterre, prête à toute éventualité, elle envoyait des navires légers devant les côtes ennemies, afin d'être renseignée sur toute tentative de sortie.

Le 28 août 1914, une flottille anglaise coula devant l'île d'Heligoland trois petits croiseurs. Les Allemands avaient délibérément renoncé à tenter les chances

---

29e RÉCIT. — **La fin du Mousquet.** — Le 28 octobre 1914, le torpilleur français *Mousquet* se trouvait au large de Pinang (*près de Singapour*), lorsqu'il entendit le canon gronder dans ce port. Il y courut aussitôt. C'était l'*Emden* le fameux corsaire allemand, qui, à la faveur d'un habile maquillage, avait pu s'approcher d'un croiseur russe sans méfiance, et était en train de le couler.

L'Emden et le Mousquet

Sans hésiter, bien qu'il fût moins fort que son adversaire, le *Mousquet* fonça sur l'*Emden*, espérant le torpiller. Accueilli par une pluie de projectiles, le petit bâtiment sembla se tordre et se recroqueviller comme une feuille de papier : pourtant il avançait toujours.

Bientôt tous ses officiers sont tués ou blessés. N'importe, il continue le feu. Mais la lutte était trop inégale. Il finit par sombrer avec tout son équipage. Quelques survivants seulement furent recueillis par l'*Emden*. Gloire aux braves marins du *Mousquet*.

d'un grand combat naval ; toutefois ils essayèrent de harceler l'Angleterre avec des raids de croiseurs légers. Quelques villes du littoral de la mer du Nord furent ainsi bombardées par des navires qui avaient pu échapper aux croisières anglaises. Mais le 24 janvier 1915, quelques-uns de ces navires furent surpris au *Dogger-Bank* par la flotte de l'amiral Beatty qui en coula un et en endommagea deux autres.

Enfin, la flotte allemande se résigna à tenter une sortie.

Le 31 mai 1916, une cinquantaine de gros navires, avec l'amiral von Scheer, s'avancèrent dans la mer du Nord. L'amiral Beatty, commandant l'escadre légère anglaise, découvrit la flotte allemande près des côtes du Juttland, et, malgré son infériorité, n'hésita pas à l'attaquer. Le combat fut terrible. Deux contre-amiraux anglais sombrèrent avec leurs navires. Mais la flotte de haute mer anglaise, avec l'amiral Jellicoë, accourut au secours de Beatty. Dès qu'elle fut en vue, les bateaux allemands se hâtèrent de fuir ; ils ne purent toutefois éviter le feu des puissantes pièces de marine anglaises, et plusieurs d'entre eux furent coulés ou pris. La flotte allemande était définitivement réduite à l'impuissance.

Dans la Baltique, les actions navales furent rares. La flotte russe était trop petite pour se mesurer avec la flotte allemande ; et celle-ci ne pouvait s'éloigner de sa base de crainte d'une attaque anglaise. Une fois cependant, en août 1915, lors de la retraite russe, Hindenburg résolut d'attaquer Riga par terre et par mer. Une escadre allemande, après deux tentatives inutiles, réussit à forcer l'entrée du golfe de Riga ; mais les Russes, renforcés de quelques sous-marins anglais, réussirent à lui couler deux croiseurs et huit torpilleurs : elle dut se retirer sans avoir pu effectuer le débarquement projeté.

Dans la Méditerranée, la flotte de l'amiral Boué de Lapeyrère, aidée de quelques croiseurs anglais, après avoir protégé le transport des troupes d'Algérie et de Tunisie en France, se scinda en deux parties : l'une qui alla à Ténédos surveiller les agissements de la Turquie, l'autre qui se rendit à Malte pour interdire la sortie de l'Adriatique aux navires autrichiens. Notre croisière dans le canal d'Otrante fut extrêmement pénible ; elle nous coûta deux beaux vaisseaux : le *Jean Bart* et le *Léon-Gambetta*, qui furent torpillés ou cou-

---

30e Récit. — **Exploit du Curie.** — Le 19 décembre 1914, le sous-marin *Curie*, patrouillant dans l'Adriatique, aperçut un torpilleur ennemi qui regagnait le port de Pola. Un projet d'une rare audace vint ausstôt à l'esprit du commandant : torpiller, en pleine rade de Pola, le plus beau cuirassé autrichien, le *Viribus Unitis*. Il suivit de loin le torpilleur et parvint à franchir, dans son sillage, les champs de mines qui défendaient l'entrée du port. Restait malheureusement un barrage de filets. Le sous-marin, de peur d'être signalé ne put suivre le torpilleur d'assez près et vint s'empêtrer dans un de ces filets

Le Curie

Durant 24 heures, l'équipage angoissé tenta des manœuvres désespérées pour rompre les mailles du maudit filet. Ce fut en vain. L'air devenait irrespirable. Déjà quelques hommes présentaient des symptômes d'asphyxie. Il fallut remonter à la surface. C'était un dimanche après-midi. La population de Pola écoutait la musique sur l'esplanade qui avoisine les quais. Jugez de sa stupéfaction lorsqu'elle vit émerger le dos rond du sous-marin couvert de filets et d'aussières ! Il y eut un court moment de panique. Mais déjà les forts et les navires en rade arrosaient d'obus le petit bâtiment. Il ne lui restait plus qu'à se rendre. Le second du bord, surpris au moment où il cherchait à faire sauter le sous-marin, se laissa engloutir avec son navire.

Les marins du *Curie* avaient montré qu'ils valaient ceux du *Mousquet*.

lés. Heureusement, la flotte italienne devait bientôt assurer à son tour la police de la mer Adriatique, non sans risques, car elle y perdit également plusieurs navires.

Conquête des colonies allemandes. — La destruction de la flotte de l'amiral von Spee mettait les colonies allemandes à la merci des Alliés puisque la métropole ne pouvait plus leur porter secours.

Le 15 août 1914, le Japon somma l'Allemagne de retirer ses bâtiments de l'Extrême-Orient et d'évacuer sa colonie de *Kiao-Tchéou*. Cet ultimatum étant resté sans réponse, le Japon déclara la guerre. Dès le 20 août, il débarqua des troupes qui refoulèrent les Allemands dans leur forteresse de *Tsing-Tao*. Le 7 novembre, la place capitulait avec sa garnison de 5.000 hommes. Pour compléter le désastre, la flotte allemande fut coulée au large du port. Ainsi fut consommée la perte de cette florissante colonie. L'orgueilleuse Allemagne en ressentit vivement l'injure.

Dans le courant d'octobre, les territoires océaniens furent occupés par les Anglais et les Japonais. Le Togo s'était rendu dès le 22 août.

En Afrique australe, les Allemands tentèrent de soulever les Boërs contre les Anglais ; mais le général Botha resta fidèle à nos alliés, battit les rebelles, et s'empara du Sud-Ouest africain allemand.

Le Cameroun fit une plus longue résistance. Le port de *Douala* fut pris dès septembre 1914, mais la capitale *Yaoundé* ne se rendit que le 1er janvier 1916.

L'Est africain, la plus belle colonie allemande, fut attaquée à la fois par les Belges, les Anglais et les Portugais.

Le 4 septembre 1916, la capitale *Dar-es-Salam* tombait au pouvoir des Anglais, et le reste du territoire était conquis peu à peu malgré une belle résistance.

CHAPITRE XIV

Le blocus et la guerre sous-marine. — L'entrée en ligne de l'Amérique

Le blocus. — L'Allemagne est un pays plus industriel qu'agricole ; elle doit importer chaque année une grande quantité de marchandises : matières premières pour le fonctionnement de ses usines (*coton, caoutchouc, minerais*) ; matières alimentaires pour nourrir son peuple (*blé, vin, café*, etc.). Il devait naturellement venir à l'idée des Alliés de lui interdire ces importations, et, par suite, de l'acculer à la famine pour l'amener à demander grâce. Mais le blocus est soumis à des règles internationales édictées par la Conférence de La Haye, qui limitent les droits des belligérants. Ainsi, par exemple, les Alliés pouvaient s'emparer des bateaux ennemis partout où ils les rencontreraient ; mais ils ne devaient ni les couler ni canonner leurs équipages. Quant aux bateaux neutres, on n'avait le droit que de les visiter pour s'assurer qu'ils ne transportaient pas de contrebande de guerre (*armes, munitions, chevaux*, etc.) (1); tous ceux qui n'avaient comme chargement que des marchandises ordinaires, et spécialement des denrées alimentaires, avaient le droit d'aborder librement les côtes allemandes ou celles des Etats neutres voisins de l'Allemagne. On conçoit dès lors que nos ennemis soient parvenus, malgré le blocus, à se ravitailler dans une certaine mesure ; leurs réquisitions dans les pays occupés, les précautions qu'ils n'hésitèrent pas à prendre dès le début : rationnement des denrées alimentaires, pain KK (2), etc., leur permirent également de parer à

(1) La liste en avait été soigneusement arrêtée à la conférence de La Haye.

(2) Du mot allemand krieg qui veut dire guerre.

l'insuffisance des importations ; mais ce ne fut pas sans une gêne considérable et des souffrances de toutes sortes. Aussi la haine de l'Allemagne pour l'Angleterre, qu'elle tenait pour principale responsable du blocus qui l'étreignait, s'accrut-elle au-delà de toute limite. *Gott strafe England* « Dieu punisse l'Angleterre » devint une formule à la mode, et on vit cette mention figurer même sur des pièces officielles.

La guerre de pirates. — L'Allemagne aurait bien voulu, elle aussi, gêner le commerce des Alliés. Mais comment faire ? Ses beaux navires de guerre étant obligés de rester à l'abri dans la rade de Kiel, de peur de la redoutable flotte anglaise, elle n'osait lancer à travers les mers que ses sous-marins. Seulement ceux-ci ne pouvaient capturer les navires de commerce et les amener dans les ports allemands, selon les règles ordinaires du droit des gens, car ils auraient été exposés à rencontrer des torpilleurs alliés qui les auraient infailliblement coulés. Alors Guillaume II ré-résolut délibérément de s'affranchir des conventions de la Haye qu'il avait pourtant signées lui-même. Le 4 février 1915, il déclara qu'il bloquerait, avec des mines, les côtes de France et d'Angleterre, et coulerait tous les navires alliés que ses sous-marins rencontreraient. Sa menace fut suivie d'effet sans retard. Il arriva même que des bateaux de commerce furent coulés sans avertissement, c'est-à-dire sans que leurs équipages aient eu le temps de préparer leur sauvetage. On cite des cas où les sous-marins canonnèrent les barques dans lesquelles les malheureux matelots avaient pris place après la perte leur navire. C'était une guerre de pirates.

L'Allemagne ayant elle-même déchiré les conventions de la Haye, les alliés, en représailles, resserrèrent le blocus. Ils décidèrent de saisir, mais sans les couler, tous les bateaux même neutres, en provenance ou à destination des ports allemands. Après de laborieuses discussions, ils finirent aussi par déclarer contrebande de guerre le charbon allemand et le coton, indispensable à la fabrication des explosifs.

Protestation des neutres. — Ce resserrement du blocus amenera des protestations parmi les puissances neutres : Hollande, Pays scandinaves, Etats-Unis. Les petits pays proches de l'Allemagne prétendaient qu'ils ne pouvaient se passer de certains produits de leur puissante voisine, et que celle-ci ne consentait à les leur livrer que contre des produits alimentaires. Les Etats-Unis, gros producteurs de coton, prétendaient s'en débarrasser à des conditions avantageuses; et, de

---

31e Récit. — **Le Président Wilson.** — Le président de la république des Etats-Unis, M. Wilson, est une des plus grandes figures du temps présent. C'est un savant et un philosophe, en même temps qu'un véritable homme d'Etat : et c'est par dessus tout un grand travailleur. Parfois le passant attardé remarque à l'une des fenêtres de la Maison Blanche (1) un point lumineux qui troue l'obscurité de la nuit. C'est le Président qui met la dernière main à un travail important. Quand il a bien médité sur une question, il passe tout de suite à l'exécution, car il ne prend conseil que de sa propre conscience. Il rédige aussitôt la note qui aura un retentissement dans le monde entier, et il la « tape » lui-même sur sa machine à écrire.

Le Président Wilson

Quelle est le Français qui ne s'est pas pris parfois à maudire cette petite machine, alors que, dans les premières années de la guerre, elle était si loin de répondre à nos légitimes impatiences : quand, par exemple, elle faisait comparaître à la barre du tribunal impassible de l'opinion améri-

(1) Résidence du Président Wilson à Washington.

fait, ils s'opposèrent longtemps à ce que le coton fût déclaré contrebande de guerre. Les Alliés ne pouvaient heurter de front tant d'intérêts coalisés : ils négocièrent tant qu'ils purent, achetant à la Roumanie son blé, à la Norwège son poisson, de façon qu'elles ne pussent le vendre à l'Allemagne ; ils démontrèrent au moyen de statistiques que, loin de souffrir du blocus, certains pays neutres recevaient quatre fois, dix fois plus de marchandises qu'avant la guerre, et ils parvinrent à leur faire prendre l'engagement de ne pas réexpédier en Allemagne les denrées qu'ils laissaient passer.

Ainsi peu à peu les difficultés s'apaisèrent et le blocus devint plus efficace.

Il faut reconnaître d'aileurs, à l'honneur des Etats-Unis, que leurs protestations ne s'adressèrent pas seulement à nous, mais encore à nos ennemis. Dès février 1915, le Président Wilson adressa une note au gouvernement allemand lui déclarant qu'il n'avait pas le droit de couler les bateaux de commerce ennemis et de se désintéresser du sort de leurs équipages. Malgré ce rappel au droit des gens, le 7 mai 1915, un grand paquebot anglais, le *Lusitania*, fut torpillé sans avertissement par un sous-marin allemand, non loin des côtes de l'Islande. Il y eut plus d'un millier de victimes, parmi lesquelles plusieurs Américains. Ce monstrueux acte de barbarie souleva la réprobation du monde entier. Le Président Wilson protesta vigoureusement et

---

caine, les empires centraux et les Alliés, pour leur faire préciser leurs buts de guerre, ayant l'air de mettre ainsi sur le même pied les agresseurs et leurs victimes ; ou, quand elle réclamait impérieusement une « paix sans victoire », faisant ainsi sursauter tous ceux qui savaient de quel prix la France avait déjà payé des succès encore si loin de la décision si impatiemment attendue.

Mais peu à peu des précisions nouvelles sont venues éclairer les formules trop brèves et nécessairement obscures du Président, en même temps que sa pensée se rapprochait de plus en plus de la nôtre jusqu'au jour où il fit enfin cause commune avec nous.

exigea des garanties contre le retour possible d'un tel fait. L'Allemagne essaya de tergiverser et de traîner les choses en longueur, ce, pendant qu'elle continuait à couler des bateaux. Mais après le torpillage du *Sussex* (24 mars 1916), le Président eut recours à une note comminatoire qui était un véritable ultimatum.

L'Allemagne s'empressa, le 4 mai 1916, de déclarer qu'elle ne coulerait plus, sans avertissement, les navires de commerce. M. Wilson parut se contenter de cette vague promesse, et une légère accalmie de la guerre sous-marine s'en suivit.

La guerre sous-marine à outrance. — Cependant les effets du blocus se faisaient de plus en plus sentir en Allemagne. Des émeutes provoquées par la faim avaient été durement réprimés et on en craignait le renouvellement. Les Alliés, ravitaillés en vivres et en munitions, pensaient moins que jamais à accepter une

---

32e Récit. — **Le Lusitania** — Le 7 mai 1915, à 2 heures de l'après-midi, le paquebot anglais *Lusitania* fut torpillé au large des côtes d'Irlande. Cet immense paquebot, pouvant transporter jusqu'à 3.500 personnes, faisait route pour Liverpool avec dix-neuf cents passagers et hommes d'équipage, sur lesquels un peu plus de sept cents seulement purent être sauvés. Le navire avait dû diminuer sa vitesse à cause de la brume : c'est ce qui explique la sûreté avec laquelle il put être torpillé.

La fin du "Lusitania"

Bien que la mer fût très calme, le sauvetage s'opéra difficilement, en raison de l'inclinaison des flancs du bateau, ce qui empêcha de mettre à l'eau la plupart des embar-

paix allemande ; ils venaient même de forcer les armées allemandes à reculer sur la Somme ; l'offensive de Verdun se soldait par un gros échec : que réservait l'avenir? L'Allemagne, réellement inquiète, se résolut de risquer le grand coup. La récolte mondiale de 1916 avait été déficitaire. Si l'on arrivait à couper le ravitaillement allié, surtout celui de l'Angleterre, qui, isolée dans son île, était loin de se suffire à elle-même, on arriverait plus vite, pensait-elle, à faire mettre bas les armes aux peuples de l'Entente.

Le 31 janvier 1917, sur les conseils de l'amiral Tirpitz, Guillaume II proclama son intention de pousser la guerre sous-marine jusqu'à ses extrêmes limites : il emploierait tous les moyens pour empêcher les navires de commerce d'approcher des côtes de France, d'Angleterre, d'Italie, de la Méditerranée orientale. Les torpillages reprirent de plus belle. En Allemagne, les représailles sévirent contre nos malheureux prisonniers. C'était l'effort suprême de la barbarie aux abois.

L'entrée en ligne des Etats-Unis — Mais c'était aussi une mesure grave, qui allait bientôt avoir de terribles conséquences. Pour les Etats-Unis, ce fut la goutte d'eau qui fait déborder le vase. L'opinion publique en Amérique, qui, au début de la guerre, était

---

cations. D'ailleurs le *Lusitania* sombra en vingt minutes. Il ne faut donc pas s'étonner du grand nombre de victimes : près de douze cents. Parmi les passagers se trouvaient 188 américains dont 150 périrent. Certains appartenaient à la plus haute société. Le milliardaire G. Vanderbilt *mérite* une mention à part en raison de l'héroïsme de sa fin.

Au moment où il allait se jeter à la mer, il aperçut une pauvre femme qui était dépourvue d'une ceinture de sauvetage. Sans la moindre hésitation, il lui offrit la sienne, et se laissa engloutir avec le navire.

Qu'un tel exemple contraste fort avec la barbarie des Allemands ! Faut-il ajouter que cet abominable attentat fut célébré en Allemagne à l'égal d'une grande victoire. Une médaille fut même frappée pour perpétuer le souvenir de ce mémorable exploit !

plutôt favorable aux Allemands, s'était modifiée peu à peu. Il faut dire que nos ennemis avaient puissamment contribué à obtenir ce résultat par leur mauvaise foi et leur fourberie : ils avaient essayé de fomenter des complots un peu partout, et leurs envoyés diplomatiques n'avaient pas craint de tremper eux-mêmes dans ces louches agissements ; les Etats-Unis

---

33e Récit. — **Le supplice du poteau.** — On ne saurait jamais trop redire les souffrances qu'ont endurées nos malheureux prisonniers durant les longs mois de leur captivité en Allemagne. Dès le début de la guerre, lorsque des trains de prisonniers traversaient lentement les campagnes bavaroises, on voyait accourir le long des haies qui bordaient la voie, des bandes de femmes et d'enfants brandissant le poing, faisant le geste charmant de couper le cou ou bien vociférant des menaces, des injures telles que : « Mort aux Français, Paris kapout ! »

Au poteau !

Puis ce fut le dur travail dans les usines ou la descente dans les mines, plus terrible encore ; avec cela, une nourriture notoirement insuffisante et parfois infecte. Tous les prétextes étaient bons pour rendre la situation de nos captifs plus misérable encore, soi-disant en guise de représailles.

Des prisonniers allemands étaient-ils envoyés au Maroc, vite on recherchait dans les divers camps d'Allemagne des prisonniers de marque, des intellectuels de préférence, pour les envoyer travailler dans les marais pestilentiels de la Pologne.

A la moindre incartade, c'était la mise au cachot, la privation complète de nourriture. Un des supplices préférés des Allemands, c'était la mise au poteau. On liait solidement le patient à un pieu au milieu de la cour, et on l'y laissait des heures entières, exposé au soleil, à la pluie ou à la neige, selon les saisons. Parfois le malheureux, exténué, expirait de fatigue et de faim. C'est le cas de ce prisonnier que vous voyez dans la gravure ci-dessus.

notamment furent le théâtre d'une active propagande par le fait ; et, comme ce pays compte un grand nombre d'immigrés de toute nationalité, dont beaucoup d'Allemands, cela ne laissait pas de rendre sa situation intérieure très délicate. C'est bien ce qu'escomptaient nos ennemis.

Lorsque le Président Wilson apprit que l'Allemagne ne reconnaîtrait plus de bornes à son action de piraterie maritime, il rompit immédiatement les relations diplomatiques (*5 février*). Malgré ce solennel avertissement, les torpillages continuèrent de plus belle. Même les navires porteurs de secours aux habitants des pays envahis de la Belgique et du nord de la France, et qui à raison de leur mission auraient dû être sacrés entre tous, furent soumis à la loi commune et torpillés sans avertissement. Alors, le 4 avril 1917, sur la proposition du Président Wilson, le Sénat et la Chambre des Etats-Unis, réunis en Congrès, déclarèrent la guerre à l'Allemagne. C'était une grande victoire morale pour les Alliés, qui voyaient ainsi proclamer devant le monde entier la justice et la noblesse de leur cause. Un peu plus tard, la Chine, le Brésil et la plupart des petites républiques américaines rompirent également toutes relations diplomatiques avec l'Allemagne (1). Nos ennemis voyaient se former peu à peu contre eux une véritable croisade, réunissant presque tous les peuples civilisés.

---

(1) Il faut faire une mention spéciale en faveur du Portugal, qui s'était rangé à nos côtés dès 1916. Voici dans quelles circonstances :

Au début de la guerre, un certain nombre de paquebots allemands s'étaient réfugiés dans le port de Lisbonne. Le gouvernement portugais, qui manquait de bateaux, les réquisitionna. En guise de protestation, l'Allemagne lui déclara la guerre, le 9 mars 1916. Bravement, le Portugal mit son armée et sa marine à notre disposition. Les divisions portugaises vinrent bientôt renforcer l'armée anglaise, et firent vaillamment leur devoir sur le front français.

CHAPITRE XV

Les événements de 1917

La révolution russe. — Le tsar Nicolas II s'était toujours montré un loyal et fidèle ami de la France. Mais c'était un esprit faible et irrésolu : il se laissa indignement tromper par son entourage. Des influences germanophiles s'exerçaient impunément à la cour impériale et dans tous les ministères, même dans ceux qui participaient à la conduite de la guerre. Des généraux énergiques se voyaient à tout instant paralysés par des fautes monstrueuses d'organisation. (1). Les soldats russes, toujours à court de canons ou de munitions, voire même de fusils, étaient lancés sur des retranchements intacts où ils ne pouvaient que se faire tuer bravement sans aucun profit : de là un découragement par trop compréhensible. D'autre part, la Russie était, de tous les pays alliés, celui où la situation économique était la plus compromise. On souffrait de la faim à peu près partout, mais particulièrement à Pétrograd. Bref, un sourd malaise pesait sur le pays tout entier.

Le 9 mars, des soulèvements populaires causés par la famine éclatèrent à Pétrograd. Le 2, on apprit que le tsar suspendait la Douma (*Chambre des députés*). Mais elle refusa de se laisser dissoudre, et le peuple l'acclama. Les troupes de la garnison, y compris même les régiments de la garde impériale, firent défection. Seule la police résista énergiquement. Le 12, la forteresse Pierre et Paul, la Bastille russe, fut prise d'assaut : la révolution triomphait sur toute la ligne. Le 15, le tsar abdiqua. Un gouvernement provisoire tiré de la Douma fut établi. L'un de ses premiers actes fut

(1) On cite, par exemple, ce fait d'un train de munitions destiné à Broussiloff et qui fut expédié en Sibérie... par erreur.

de déclarer qu'il pousserait énergiquement la guerre contre l'Allemagne jusqu'à la victoire finale ! Les Alliés accueillirent favorablement le changement de régime : ils ne pouvaient, à ce moment, prévoir que les événements allaient se précipiter jusqu'au dénouement, qui ne serait rien moins qu'une trahison manifeste ! Malheureusement la Douma fut impuissante à canaliser le torrent révolutionnaire. Tout de suite elle fut débordée par les comités des ouvriers et soldats (*Soviets*) qui s'installèrent un peu partout et allèrent d'un seul bond jusqu'aux idées les plus outrancières. Le peuple russe, tenu depuis des siècles dans une igno-

---

34e Récit. — **Le volontaire polonais.** — Détournons les yeux de ce qui se passe en Russie pour magnifier le splendide courage des Polonais, la plupart sujets russes, qui s'engagèrent dans l'armée française. Dès le début des hostilités, ils étaient 2.000 ; mais ce nombre devait aller en croissant, si bien qu'à la fin de la guerre, il y avait deux divisions polonaises sous les ordres du général Haller.

La mort du volontaire polonais

A l'attaque du 9 mai 1915, au nord d'Arras, une compagnie polonaise, fortement engagée, fut presque anéantie. L'élan de cette poignée d'hommes avait été particulièrement remarqué. Aussi, au lendemain de l'affaire, le général fit sortir des rangs les survivants, les harangua la gorge serrée, et fit défiler toutes ses troupes devant eux, leur rendant ainsi un rare et émouvant hommage.

Parmi les morts, on ramassa, au pied d'un mur, plusieurs volontaires polonais qui s'étaient traînés là pour chercher un abri. L'un d'eux, avant de mourir, avait tracé sur la pierre, avec son sang, ces quelques mots qu'il n'avait pas eu le temps d'achever entièrement : « Vive la France et la Pologne ! »

rence profonde, était tout à fait incapable de prendre conscience des responsabilités qui l'attendaient : les paysans ne songeaient qu'à s'emparer des terres ; les ouvriers, qu'à jouir en paix de leurs nouveaux droits ; tous étaient d'accord pour quitter le front et réclamer la paix à tout prix. Pour comble de malheur, une tendance à la dissociation se manifesta dans toutes les parties de l'Empire : deux grandes provinces, l'Ukraine et la Finlande, proclamèrent leur indépendance. C'était la fin de la grande Russie.

Le 17 mai 1917, un nouveau gouvernement fut institué, dans lequel Kerensky, ministre de la Guerre et de la Marine, prit tout de suite une place prépondérante. C'était un homme jeune, énergique, ancien chef du parti travailliste à la Douma, et ayant beaucoup d'action sur le peuple. Auteur du fameux ordre du jour n° 1, qui précisait les droits des soldats, il avait contribué plus qu'aucun autre à relâcher les liens de la discipline dans l'armée ; mais, comme tous les tribuns, il s'imaginait que son éloquence parviendrait en temps utile à endiguer les passions populaires, ignorant que certains courants une fois déchaînés ne se remontent plus. Il faut cependant lui rendre cette justice qu'il se dépensa beaucoup parmi les troupes du front pour les convaincre de la nécessité de reprendre l'offensive. Cédant à ses patriotiques instances, d'ailleurs fortement appuyées par les Alliés, l'armée russe fit un suprême effort et attaqua les lignes allemandes le 1er juillet. Elle remporta d'abord quelques succès ; mais le relâchement de la discipline était tel que ces avantages n'eurent pas de lendemain. Des régiments entiers se débandèrent et prirent la fuite. Alors ce fut la débâcle. Stanislau, Tarnopol, Czernovitz furent repris par les Allemands L'armée roumaine, qui était prête à l'offensive, grâce aux efforts de la mission française, dut se résigner, la mort dans l'âme, à suivre le recul russe.

En Courlande, les Allemands reprirent leur marche

en avant et franchirent la Duna qui les avait arrêtés jusque-là. Ils entrèrent à Riga le 4 septembre. Pétrograd se trouvait menacé !

Kerensky fut investi de pouvoirs dictatoriaux. Il essaya, mais en vain, de maîtriser le désordre qui était à son comble. Un malentendu encore inexpliqué avec le général Korniloff le rejeta du côté des extrémistes et l'anarchie fut complète.

Le recul allemand sur la Somme. — L'hiver de 1916-17, très rigoureux, avait ralenti les opérations sur la Somme, sans les arrêter tout à fait. Au printemps, les Anglais avaient deux millions d'hommes en ligne, ce qui leur avait permis d'étendre leur front jusqu'à Chaulnes ; déjà ils se préparaient à reprendre l'offensive lorsqu'un véritable coup de théâtre se produisit.

35e Récit. — **Un convoi de rapatriés.** — Nous avons dit ailleurs que les Allemands, contrairement au droit des gens, n'avaient pas hésité à réquisitionner les hommes, les jeunes gens et même les femmes et les jeunes filles des pays envahis pour les employer à des travaux de guerre : creuser des tranchées ou fabriquer des munitions. Mais les vieux, les infirmes, les enfants, qui ne peuvent que consommer sans rien rapporter au *Deutschland*, qu'en faire ? Ceux-là on les évacue. On leur permet de regagner la France à travers la Suisse.

Convoi de rapatriés à Evian

Quel supplice que ce voyage sans fin, dans des conditions toujours inconfortables ! On roule à travers les plaines allemandes des jours et des nuits. On s'arrête. On repart. On traverse des fleuves.

Au 15 mars, les Allemands abandonnèrent les positions qu'ils avaient jusque-là si âprement défendues ; ils lâchèrent pied sur un front très étendu allant d'Arras jusqu'au plateau de Crouy. En cinq jours, les Anglais rentrèrent à Bapaume, Péronne ; les Français, à Roye, Lassigny, Nesle, Noyon, Chauny. Plus de 300 villages furent ainsi reconquis. Les Allemands s'arrêtèrent sur une ligne (1) jalonnée par Arras, St-Quentin, La Fère, Crouy. Ils prétendirent que leur recul était volontaire et avait pour but de contrarier les projets d'offensive des Alliés, ce qui était exact ; mais il est bien certain aussi qu'ils redoutaient surtout notre offensive de printemps sur la Somme et qu'ils craignaient de ne pouvoir nous donner la riposte. C'était en somme un aveu d'impuissance.

Avant leur départ, ils se livrèrent à des actes d'odieux vandalisme. Non seulement ils détruisirent les routes, les ponts, les voies ferrées, pour retarder notre avance, ce qui était légitime ; mais ils mirent à sac tous les édifices publics, toutes les maisons ; ils firent

---

On côtoie des villes. On est exténué de fatigue. On ne pense à rien.

Tout à coup, voici un infirmier qui apparaît à la portière, en uniforme inconnu. Des enfants courent le long de la voie en agitant des mouchoirs. Des hommes, debout à côté de leur charrue, ôtent respectueusement leur chapeau.

A la première grande gare, une foule immense, qui pousse des acclamations, avec le sourire sur les lèvres et des larmes dans les yeux. C'est la Suisse.

Sur les quais, de longues tables alignées, avec des soupes fumantes. On mange, sans bien comprendre encore, tellement on est fourbu.

Puis on roule à nouveau. Voici un grand lac aux eaux bleues. Dans le lointain, on aperçoit des montagnes couvertes de neige. Enfin, un nouvel arrêt. Un grand cri : Vive la France ! C'est Evian.

---

(1) Appelée ligne Hindenburg par les Allemands, du nom de leur généralissime ; cette ligne, qu'ils avaient à loisir fortifiée d'une façon formidable, courait sous des noms divers de la mer du Nord à la Suisse.

sauter à la dynamite les monuments, les églises, les hôtels de ville et jusqu'aux ruines du château de Coucy ; ils allèrent même dans leur sauvagerie jusqu'à scier au ras du sol les arbres fruitiers en pleine campagne : bref, ils transformèrent le pays en un véritable désert. Quant aux populations, ou bien ils les abandonnèrent sans ressources entre les lignes, ou bien ils les emmenèrent en captivité. A Noyon, cinquante jeunes filles furent envoyées à l'intérieur comme au temps des Barbares.

La grande offensive franco-britannique d'avril. — Le 9 avril, l'armée anglaise attaqua vigoureusement les lignes allemandes entre Arras et Lens. Elle s'empara du plateau de Vimy, de Liévin et arriva jusqu'aux portes de Lens. Les Canadiens se distinguèrent particulièrement dans cette affaire.

36e Récit. — **Les pommiers sciés.** — Le gouvernement allemand n'a pas cessé de proclamer que si jamais il venait à être contraint d'abandonner les territoires français occupés, il ne rendrait qu'une terre absolument nue et ravagée. Cette sauvage menace a été mise à exécution à chacun des replis ennemis, avec une furie méthodique ; mais la barbarie teutonne semble s'être surpassée elle-même lors du vaste repli sur la Somme, au printemps de 1917. Comme si ce n'était pas assez d'avoir pillé et détruit les maisons, dynamité les monuments publics, les Allemands avaient encore pris soin de disposer çà et là, des machines infernales à explosion savamment retardée, de façon à surprendre et à massacrer

Les pommiers sciés

Le 16 avril, l'armée française, sous le commandement du généralissime Nivelle, prit l'offensive à son tour. Elle attaqua entre Soissons et Reims. Notre artillerie avait pilonné de son mieux les tranchées ennemies ; nous étions appuyés par des groupes de tanks, comme nos alliés anglais. En quelques heures, la première ligne fut enlevée et nous fîmes 11.000 prisonniers ; mais la deuxième et surtout la troisième ligne n'avaient pas été suffisamment battues par l'artillerie; elles résistèrent, et nos efforts pour les enlever furent malheureusement coûteux. Le 18, la bataille s'étendit à l'est jusqu'à Auberive. Une de nos divisions s'empara du massif de Moronvillers. Malgré tout, il fallut s'arrêter. Nous avions avec nos alliés fait 40.000 prisonniers et pris 400 canons. Mais la percée n'était pas réalisée, et nous n'avions pas atteint notre but. Nous dûmes ensuite faire face à une violente réaction des Allemands sur le plateau de Craonne : leurs efforts heureusement ne purent venir à bout de notre ténacité.

Le 15 mai, le général Pétain était nommé généralissime et le général Foch chef d'état-major général. Ils résolurent de mettre fin à ces tentatives de percée qui ne nous avaient apporté que des déboires jusqu'alors. Car il ressortait nettement des expériences antérieures

---

les populations inoffensives à leur retour. On sait notamment que deux députés français furent victimes d'un accident de cette nature dans l'Hôtel de Ville de Péronne.

Qu'on juge de la rage qui étreignait le cœur de nos soldats lancés à la poursuite de l'ennemi lorsqu'ils rencontraient partout les traces d'une dévastation sans exemple dans l'Histoire !

Savez-vous ce qui les animait par dessus tout d'une fureur sainte ? Ce n'était pas de voir les routes défoncées, les ponts détruits, les clochers abattus, c'était d'apercevoir dans nos humbles vergers de Picardie, tous les arbres fruitiers sciés au ras du sol. Contemplez ces deux rangées de pommiers abattus, le long d'un chemin rural. Est-il rien qui symbolise mieux la haine farouche de nos ennemis ? Est-il rien qui montre mieux leur intention bien arrêtée de tarir jusque dans leur source, toutes nos richesses futures ?

que de telles opérations étaient impossibles à réussir. Avec les multiples voies ferrées que les Allemands avaient à leur disposition ; avec les ressources illimitées que leur procurait l'emploi des camions automobiles, il apparaissait nettement que nos ennemis parviendraient toujours à colmater la brèche que nous pourrions creuser dans leurs lignes, et que toute action, quelque violente qu'elle fût à ses débuts, serait fatalement enrayée au bout de quelques jours. Pétain, d'accord avec Foch, conçut alors un grand plan d'offensive indéfinie qui chercherait, non à réaliser une percée à un endroit déterminé, mais à ébranler toute la ligne. Seulement cette offensive à grande envergure ne pourrait se développer que lorsque nous aurions sur l'ennemi une supériorité écrasante en effectifs et en matériel, c'est-à-dire en juillet 1918, quand les troupes américaines seraient arrivées à pied d'œuvre. Toutefois il avait prévu en attendant une série d'opérations limitées, d'importance grandissante.

57e Récit. — **Belle parole d'un Anglais** — Nous devons rendre hommage à la bravoure avec laquelle nos alliés anglais combattirent à nos côtés dès les débuts de cette terrible guerre. Nombre de leurs vaillants « tommies » dorment leur dernier sommeil au milieu de nos soldats, dans les plaines d'Artois ou de Flandre. L'aristocratie anglaise, qui se distingua par l'empressement avec lequel elle répondit aux premiers appels de Kitchener, a été particulièrement éprouvée.

Un jour, un de nos hommes d'État se trouvait à la table d'une des plus vieilles familles d'Angleterre. La conversation se porta naturellement sur la guerre. Entre autres choses, on vint à parler des liens de plus en plus étroits que la défense commune du droit et de la civilisation allait nouer entre les deux nations. Le Français n'était pas, comme bien on pense, le moins empressé à soutenir cette thèse, et il la faisait valoir de son mieux lorsque son hôte lui dit tout à coup :

« La France, ce n'est pas seulement pour nous le pays auquel nous sommes attachés en vertu de l'Entente cordiale ; c'est plus et mieux qu'un pays allié. Oui, la France..... c'est le cimetière de nos fils ! »

Offensive à objectifs limités. — En Italie, après six mois d'accalmie hivernale, le général Cadorna déclancha, le 14 mai, une offensive sur l'Isonzo. Après une feinte de la part des Italiens au nord de Plava et de la part des Autrichiens sur le Trentin, l'action se porta sur le Carso. Nos alliés firent plus de 20.000 prisonniers. Le 19 août, l'armée italienne attaqua à nouveau sur le Carso pendant qu'une autre opération, conjugée avec celle-ci, se déroulait sur le bord de la mer, appuyée par des monitors anglais. Cette fois, d'importantes positions furent conquises. On pouvait espérer des succès décisifs pour un avenir prochain.

Sur le front des Flandres, une brillante action des

38e Récit. — **La Fayette, nous voilà !** — Depuis le mois d'août 1917, les Etats-Unis s'étaient rangés aux côtés de l'Entente. Mais combien s'écoulerait-il de temps avant que les troupes américaines pussent faire sentir aux Allemands leur présence sur le front français ? Un grand pays n'entre pas en guerre du jour au lendemain ! Il faut rendre cette justice au Président Wilson qu'il n'épargna rien pour avancer l'heure de sa participation au conflit mondial.

La Fayette, nous voilà !

Dès le mois de juin, le général Pershing, commandant la première armée américaine, débarqua en France, à Boulogne-sur-Mer. Une réception enthousiaste l'attendait à Paris. Les ovations du début une fois calmées, le premier soin du général fut de témoigner la reconnaissance du peuple des Etats-Unis pour l'aide que la France lui avait apportée autrefois, au temps de la Guerre de l'Indépendance. A cet effet, il se rendit au petit cimetière de Picpus, où reposent les restes de Lafayette. Sur l'humble pierre tombale, il déposa de magnifiques couronnes ; et, sans phrases, il lança simplement ce cri : « La Fayette, nous voilà ! »

Anglais enleva le 7 juin le saillant de Messines. Le 31 juillet, nos alliés britanniques attaquèrent à nouveau, entre l'Yser et la Lys, avec l'aide de l'armée française du général Anthoine. Au début, des succès importants furent vivement acquis ; mais une pluie diluvienne vint entraver le travail de l'aviation et empêcher l'avance de la grosse artillerie. L'offensive en fut paralysée. Le 20 novembre, les Anglais furent à la veille d'enlever Cambrai par une action neuve et imprévue. Renonçant délibérément à la préparation d'artillerie, qui avait le gros inconvénient de mettre l'ennemi sur ses gardes, ils réussirent, grâce à l'emploi des tanks, à percer les lignes allemandes par surprise. Malheureusement ils ne purent exploiter à fond leurs succès, et une vive réaction ennemie leur fit perdre une notable partie de leur avance.

Il importait ensuite de dégager Verdun, qui se trouvait toujours dans une situation précaire. Le 20 août, le général Guillaumat enleva la cote 304 et le Mort-Homme. Nos aviateurs participèrent brillamment à l'action en mitraillant à faible hauteur des rassemblements ennemis. Le 20 octobre, une opération savamment préparée et vivement exécutée nous donna la Malmaison et la vallée de l'Ailette. Nous avions ainsi grandement amélioré nos positions, et nous étions en mesure d'exercer dorénavant une menace permanente sur l'ennemi au profit de nos alliés anglais.

Une autre opération exigeant un formidable matériel d'artillerie était prévue ensuite pour réduire la hernie de Saint-Mihiel et, par là, préparer l'attaque du bassin de Briey. Mais aussitôt après la victoire de la Malmaison, la retraite italienne, en nous obligeant à envoyer précipitamment six divisions au secours de nos alliés en détresse, et les événements de Pétrograd, firent entrer la guerre dans une nouvelle phrase(1).

---

(1) D'après les déclarations de M. Painlevé, ex-ministre de la guerre, à la Chambre des Députés (14 fév. 1919).

L'offensive morale des Allemands. — Les Allemands, qui avaient été éprouvés durant l'année 1916 au point d'offrir la paix, se resaisirent au printemps de 1917 lorsqu'ils virent le parti qu'ils pourraient tirer de la révolution russe. En spéculant sur la lassitude extrême du soldat moscovite, ils parvinrent à établir sur tout le front oriental une « fraternisation » de tranchée à tranchée, et ils obtinrent ainsi très rapidement la dissolution complète des forces de nos malheureux alliés.

Un essai de démoralisation fut même tenté sur notre propre front. Profitant de la déception causée à nos troupes par l'échec de la grande offensive de printemps, ils tentèrent çà et là, grâce à une propagande « défaitiste » active par la Suisse, d'envenimer et

---

39e Récit. — **Georges Clémenceau.** — Le 20 novembre 1917, la France se donna un véritable gouvernement de guerre sous la présidence de M. Georges Clémenceau. Le vieux patriote prit d'une main ferme les rênes du pouvoir. A ceux qui le questionnaient sur ses intentions, il répondait invariablement : « Vous me demandez quel est mon programme ? Le voici, il est très simple. Je fais la guerre. »

Georges Clémenceau

« L'heure est venue, disait-il, à la Chambre, le 20 novembre, d'être uniquement Français avec la fierté de vous dire que cela suffit. Droits du front et droits de l'arrière, qu'aujourd'hui tout soit confondu. Que toute zone soit de l'armée. S'il doit y avoir des hommes pour retrouver dans leurs âmes de vieilles semences de haine, écartons-les. »

Comment M. Clémenceau a tenu ses promesses ; comment il a « fait la guerre », le chapitre suivant nous l'apprendra.

d'exploiter quelques mutineries ; mais tout rentra bientôt dans l'ordre, grâce à l'énergie du général Pétain.

Ils furent plus heureux en Italie. Après avoir savamment travaillé l'armée qui gardait les passages du Haut-Isonzo, ils prononcèrent dans cette région une violente attaque par surprise. Les Italiens lâchèrent pied et reculèrent en désordre dans la plaine du Frioul, obligeant les armées voisines à battre en retraite à leur tour, de crainte d'être encerclées. Gorizia, Montfalcone, furent ainsi abandonnées. Nos alliés durent finalement se retirer derrière le Piave où des divisions anglaises et françaises vinrent les soutenir. Ils laissaient aux mains de l'ennemi un grand nombre de prisonniers ainsi qu'un matériel considérable. Telle fut cette désastreuse retraite de *Caporetto* (octobre 1917).

Pendant ce temps, les Russes sombraient de plus en plus dans l'anarchie. Kerensky fut remplacé par les hommes des Soviets, Lénine et Trotsky, dont les Allemands avaient facilité le retour en Russie, et avec lesquels ils étaient d'accord au fond pour détruire tout ce qui restait d'organisation dans la malheureuse Russie.

Après des pourparlers qui furent une vraie comédie, une paix honteuse fut conclue à *Brest-Litowsk*, qui consacrait le démembrement de l'empire moscovite et mettait tout le pays sous la tutelle germanique. Les armées roumaines se trouvaient dès lors livrées sans défense aux mains des ennemis. La Roumanie dut se résigner à signer à son tour la paix de *Bukarest*, qui donnait à l'Autriche tous les passages des Alpes de Transylvanie et mettait les richesses du pays à la discrétion de l'Allemagne (*mars 1918*).

CHAPITRE XVI

La Victoire

L'offensive allemande du 21 mars 1918 — Qui de nous n'a encore présentes à l'esprit les angoisses du début de l'année 1918 ? La Russie et la Roumanie sont définitivement hors de cause. L'Allemagne ramène en hâte toutes ses troupes de l'Est sur le front français. Un grand choc est imminent. Des deux côtés on a le préssentiment que l'année 1918 verra se produire des événements décisifs. Nos ennemis se croient assurés du succès. N'ont-ils pas le secret d'une attaque brusquée, avec des masses d'artillerie, qui a fait ses preuves devant Riga avec von Hutier ?

Le 21 mars, l'attaque que l'on attendait se produisit près de St-Quentin, à la soudure des troupes anglaises et françaises. Il s'agissait de séparer les forces alliées et de rejeter les Anglais à la mer. Ce projet fut bien près d'être réalisé. Sous la violence du choc, la 5e armée anglaise céda et battit en retraite précipitamment, entraînant le recul de tout le front sur une zone de 80 kilomètres, d'Arras à la Fère, et, ce qui est encore plus grave, ouvrant une large brèche entre elle-même et la 6e armée française qui s'efforçait mais en vain de garder le contact en étendant ses lignes vers Chauny et Noyon. La route de Paris s'entr'ouvrait sous les pas de von Hutier qui s'y précipita avec toutes ses réserves. Déjà il avait dépassé Montdidier et menaçait Compiègne. En ce péril extrême, toutes les susceptibilités durent s'effacer ; et, grâce à l'énergie de Clémenceau et de Lloyd George, le général Foch fut nommé commandant en chef des armées alliées. Désormais, l'Entente avait une tête : la première condition de la victoire se trouvait réalisée.

Des troupes prélevées à la hâte sur les parties du front non menacées sont amenées en camions automobiles sur le lieu du combat. Elles font le coup de feu à peine débarquées et se font tuer sur place plutôt que de reculer. Des masses d'avions accourus eux aussi au danger et volant presque au ras du sol viennent jeter le désordre dans les rangs ennemis. Grâce à des prodiges d'héroïsme et moyennant de douloureux sacrifices, la liaison avec les Anglais est maintenue et la brèche est refermée. Disons à la louange du général Pershing qu'il s'empressa de se mettre avec sa petite armée à l'entière disposition du général Foch, bien que l'intervention américaine ne fût pas encore prévue de sitôt.

La route de Paris était barrée et l'armée allemande se trouvait à bout de souffle. Après une courte accalmie, l'ennemi se rua sur Amiens. Entre le 4 et le 8 avril, de furieux combats se livrèrent sur un front de

---

40e Récit. — **Contre-attaque française.** — Il s'est trouvé des Allemands pour dire que leur offensive du 21 mars, contre l'armée anglaise, avait été une faute, malgré ses succès du début, puisqu'elle n'avait servi, en somme, qu'à mettre hors de pair la haute valeur de l'armée française : nos troupes avaient, en effet, trouvé le moyen, dans des conditions désespérées, de maintenir le contact avec les Anglais, puis de refouler le flot ennemi.

On ne dira jamais assez quelle fut la bravoure, l'endurance, l'héroïsme de nos soldats, qui, à peine descendus des camions, harassés de fatigue, étaient jetés immédiatement dans la fournaise.

Regardez la gravure ci-contre. Vous apercevez nos braves poilus chargeant à la baïonnette. Devant eux, dans le feu et la fumée, se trouvent des grenadiers chargés de les protéger. Au-dessus, des avions, volant très bas, mitraillent l'ennemi.

Nos aviateurs firent des prodiges d'héroïsme, c'est à eux que revint le rôle de la cavalerie d'autrefois : ils se chargèrent de combler les vides de nos lignes. On cite ce fait incroyable de 80 avions, lancés à découvert dans une brèche de forte étendue et parvenant à eux seuls à clouer sur place deux divisions ennemies.

Les autres armes furent également à rude épreuve. Des batteries d'artillerie firent feu, à peine dételées, sans soutien d'infanterie. Des régiments de cavalerie, arrivés à toute vitesse, mirent pied à terre et se firent hacher sur place pour interdire le passage à l'ennemi.

Honneur à tous ces braves !

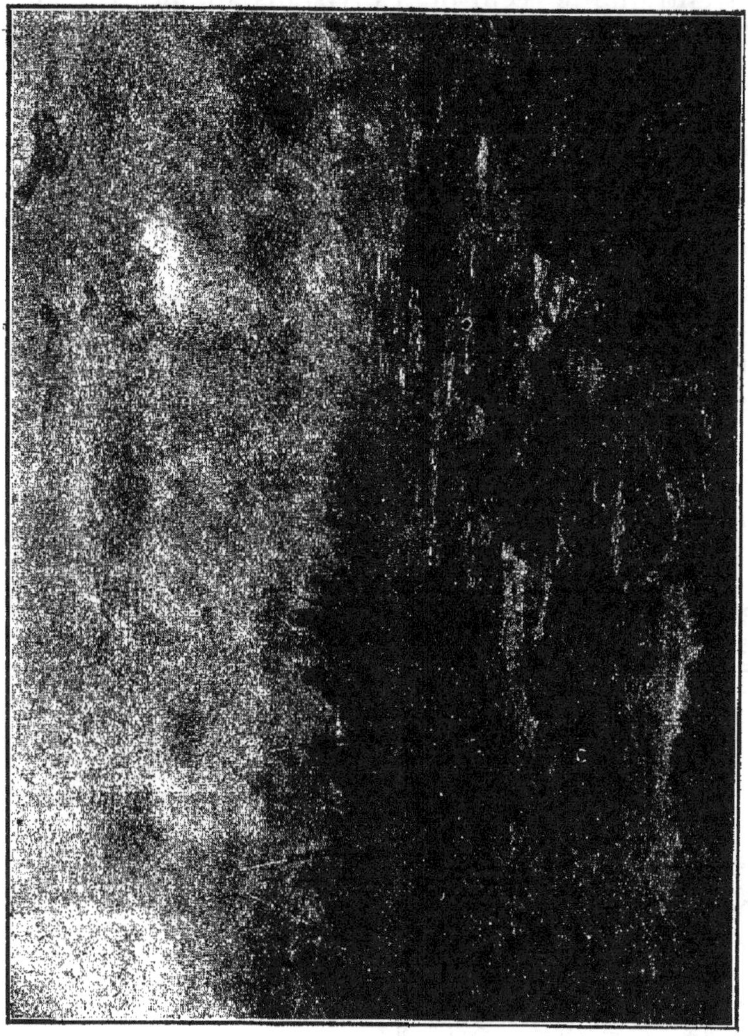

Contre-attaque française (*Gravure de l'Illustration*)

40 kilomètres. Cette fois encore, les Allemands sont maîtrisés.

Hindenburg réduit à nouveau sa ligne d'atta-Bassée (25 km.). Une division portugaise est bousculée et entraîne le recul de 5 divisions anglaises. L'ennemi franchit la Lys. Le mont Kemmel est pris d'assaut. Mais une fois de plus des troupes françaises amenées sur le champ réussissent, au prix de fatigues et de pertes inouïes, à rétablir une situation dangereusement compromise.

L'offensive allemande du 27 mai. — L'armée anglaise est épuisée. Les réserves françaises sont appauvries et difficiles à manœuvrer en raison de la rupture de nos lignes de communication avec le Nord. Les Italiens déclarent qu'ils ne peuvent rendre nos divisions.

41e Récit. — **Comme des démons !** — Il y a quelque chose de plus terrible encore que le combat à l'air libre, c'est la lutte au milieu des gaz asphyxiants. Depuis leur première attaque sur le front d'Ypres, le 22 avril 1915, les Allemands ont mis toutes les ressources de leur infernale chimie — et Dieu sait si elles sont nombreuses — à la disposition de leurs combattants.

Comme des démons !

Voyez la gravure ci-contre. Le soldat du premier plan a, comme ses camarades d'ailleurs, la tête emprisonnée dans une cagoule aux gros yeux de mica; sa poitrine est bardée de grenades qu'il va lancer sur les retranchements ennemis; il étreint son fusil avec une farouche résolution.

Lorsque les Allemands virent pour la première fois des hommes ainsi équipés bondir à travers des nuages de soufre et de chlore, ils lâchèrent pied en criant : « Ce ne sont pas des soldats, mais des démons ! »

Dans ces conditions, Foch est obligé d'amincir son front, surtout dans les régions naturellement fortifiées afin de pouvoir parer au danger qui menace les grandes routes d'invasion. Dans la région du Chemin des Dames notamment, il a dû étaler 5 divisions entre Anisy et Berry-au-Bac. Hindenburg le sait : il en profite.

Le 27 mai, 22 divisions allemandes se ruent sur le Chemin des Dames en une attaque foudroyante. Notre ligne, trop faible, est bousculée. Encore une fois, la brèche est faite par où le flot ennemi se précipite. Il passe l'Aisne. Le voilà sur la Marne, à Château-Thierry (1er juin). Le moment est critique. Paris est déclaré zone de guerre. Comme s'ils voulaient souligner leurs succès et affoler les populations, les Allemands envoient des obus sur la capitale, grâce à de monstrueux canons d'une portée de 120 kilomètres. La nuit, des escadrilles de gothas franchissent nos lignes et viennent jeter des bombes meurtrières sur les quartiers de l'est et du nord de la ville. Beaucoup de gens quittent Paris.

Ainsi par deux pointes menaçantes, à Montdidier et à Château-Thierry, l'ennemi menace le cœur de la France. S'il pouvait les réunir et enlever Compiègne, il jouirait d'une large plateforme pour lancer ses attaques ultérieures ! Le 11 juin, une poussée violente se produit en direction de Compiègne. Heureusement, Mangin est là avec ses divisions d'élite. Elles sont moins nombreuses. Qu'importe ? La valeur supplée au nombre. Les Allemands sont cloués sur place. Durant tout le mois de juin, ils essaieront, en de furieux combats, de mordre dans le massif boisé de Villers-Cotterets. Mais ce sera en vain. Nos troupes tiennent ferme les lisières de la forêt.

L'offensive allemande du 15 juillet. — Pendant ce temps que fait Foch ? Quand réagira-t-il ? Nul ne le sait. Il attend son heure, et les plus violents assauts de l'ennemi ne l'avanceront pas d'une minute.

Pourtant la situation est grave. Notre grande ligne du Nord, Paris-Amiens, est coupée. Notre grande ligne de l'Est, Paris-Nancy, est coupée également. Malgré tout, on a confiance. Des troupes américaines débarquent dans tous nos ports de l'Océan, chaque jour plus nombreuses. On devine que Foch constitue une masse de réserve pour frapper le dernier coup. Les Allemands n'arrivent pas à percer ses intentions. Malgré leurs succès, ils sont inquiets. De plus en plus, leurs divisions s'anémient, leurs réserves s'amoindrissent. Ils sont surtout pressés d'en finir afin de devancer le plein effort américain.

Le massif boisé Compiègne-Villers-Cotterets étant inexpugnable, ils vont essayer de le tourner. Enlever Châlons, Reims, franchir la Marne et se répandre sur

---

42e Récit. — **Les chars d'assaut Renault.**— La plupart des succès allemands du début de la guerre avaient été obtenus grâce à l'emploi intensif de la mitrailleuse. Il fallait absolument trouver la riposte. Elle vint sous la forme du char d'assaut Renault, l'ennemi-né de la mitrailleuse. Plus léger que son frère aîné, le gros tank, il est plus mobile et par suite moins vulnérable : il se dissimule aisément dans un pli de terrain, derrière un mur, un buisson, et tout à coup s'avance en dodelinant sur l'obstacle crachant de son petit canon.

Le char Renault

C'est lui qui a dégagé la forêt de Villers-Cotterets, entamée par le nord et par le sud, et sur la lisière de laquelle l'ennemi avait mordu. A la contre-attaque du 18 juillet, il était devant nos troupes, s'avançant comme un chien qui quête, à travers les blés, et fonçant droit sur les mitrailleurs ennemis camouflés d'épis jusque sur leurs casques. A lui revient une bonne part du succès de la journée.

le plateau de Brie, qui permet les grands déploiements de troupes, ne sera qu'un jeu pour eux. Ils iront cette fois aux portes de Paris. Ce sera la dernière offensive avant la victoire définitive.

Dans la nuit du 14 au 15 juillet, les Parisiens furent réveillés par une canonnade si intense qu'ils crurent à un nouveau raid de gothas. C'était l'ultime ruée allemande qui se déchaînait depuis Château-Thierry jusqu'à la Main de Massiges (*Champagne*). Les Allemands purent franchir la Marne et obtenir quelques succès, chèrement payés d'ailleurs, grâce à l'héroïque résistance des divisions franco-américaines.

Mais en Champagne, le général Gouraud, qui avait prévu cet assaut, réussit à éventer la méthode boche. Il abandonna sa première ligne et laissa les Allemands la canonner effroyablement, puis il les reçut sur sa deuxième ligne à peu près intacte de telle façon que leur offensive fut enrayée net et que beaucoup d'entre eux restèrent sur le carreau.

La manœuvre de Foch. — Bataille de France. — Alors Foch estima que le moment était venu de prendre à son tour l'offensive. Depuis quelque temps, il avait secrètement et patiemment amassé des réser-

---

43e Récit. — **Un ordre du jour mérité.** — Le char d'assaut a si bien réalisé tous les espoirs qu'il avait fait naître, que le général en chef, a lancé, le 30 juillet 1918, l'ordre du jour suivant :

Depuis le début d'avril, l'artillerie d'assaut vient d'affirmer, en trente combats et deux batailles rangées, sa haute valeur offensive.

Ratifiant le suffrage unanime de l'infanterie qui fit, dès le premier jour, à ses nouveaux frères d'armes, une part de gloire dont ils garderont la fierté, le commandant en chef adresse à tous ses félicitations.

Equipages des chars qui, après avoir puissamment contribué à arrêter l'ennemi, l'avez rompu au 11 juin et au 18 juillet;

Ingénieurs qui avez conçu et mis au point les engins de victoire;

Ouvriers de l'usine qui les avez réalisés;

Ouvriers du front qui les avez entretenus;

Vous avez bien mérité de la Patrie.

Pétain.

ves dans ce fameux massif boisé qui constituait comme le bastion de la défense avancée de Paris. Le 18 juillet, dès l'aube, les armées Mangin et Degoutte, précédées d'un barrage roulant d'artillerie et accompagnées de nos petits chars d'assaut, débouchent de la forêt de Villers-Cotterets, et, d'un magnifique élan, enfoncent le flanc allemand sur une largeur de 20 kilomètres. Le 19 au soir, nous comptions déjà 20.000 prisonniers avec 400 canons comme trophées de guerre. Sous ce coup inattendu, les Allemands reculent. Ils repassent la Marne en hâte. Le 21, ils abandonnent Château-Thierry ; le 29, Soissons. Puis, pressés de front et de flanc, ils s'alignent à nouveau sur l'Aisne et sur la Vesle.

Ce fut dans toute la France un immense élan d'enthousiasme. Le nom de Foch était dans toutes les bouches. En témoignage de reconnaissance nationale, le Gouvernement lui conféra, le 6 août, la dignité de maréchal de France. Mais le généralissime des Alliés n'était pas homme à se reposer sur ses premiers succès. De la Lorraine aux Flandres, les opérations vont s'étendre sur toute la ligne. Les attaques se succèdent comme des chocs alternés de pilons formidables. Bien conçues et habilement exécutées, elles obligent l'ennemi harcelé et assailli de partout, usé, exténué, à reculer chaque jour son front sur de nouvelles lignes de défense ; il lui faudrait rompre le contact pour reprendre haleine et se refaire : cela ne lui est pas permis. Toutes les armées alliées donnent. Quand elles stoppent, le maréchal Foch les relance « comme avec un bâton de chef d'orchestre ». Ainsi, toutes ces opérations, qui nous apparaissent au premier abord décousues, sont merveilleusement combinées entre elles par le génie du généralissime.

Le 8 août, les Allemands reculent devant Amiens, à Moreuil. Montdidier est repris le 10 août ; Noyon et Bapaume, le 20. Le 1er septembre, Péronne est dégagé. Avant la fin du mois, nos troupes sont devant la fameuse ligne Hindenburg. Elle n'est même plus intacte. Car, le 2 septembre, nos vaillants alliés anglais y ont fait une forte brèche, précisément à Drocourt-Quéant, dans le nœud de raccordement des trois premières lignes. Le 12 septembre, une brillante offensive franco-américaine réduisait la « hernie » de St-Mihiel en enlevant 15.000 prisonniers et 1.200 canons.

44e Récit. — **Les artisans de la victoire : Foch.** — Le rôle du maréchal Foch est bien caractérisé par le rapport du Président du conseil, M. Clémenceau, au Président de la République, à l'occasion de l'élévation du généralissime des armées alliées à la dignité de maréchal de France :

Maréchal Foch

« A l'heure où l'ennemi, par une offensive formidable, sur un front de 100 kilomètres, comptait arracher la décision et nous imposer cette paix allemande qui marquerait l'asservissement du monde, le général Foch et ses admirables soldats l'ont vaincu.

Paris dégagé, Soissons et Château-Thierry reconquis de haute lutte, plus de 200 villages délivrés, 700 canons capturés, les espoirs hautement proclamés par l'ennemi avant son attaque écroulés, les glorieuses armées alliées jetées, d'un seul élan victorieux, des bords de la Marne aux rives de l'Aisne, tels sont les résultats d'une manœuvre aussi admirablement conçue par le haut commandement que superbement exécutée par des chefs incomparables.

« La confiance placée par la République et par tous ses alliés dans le vainqueur des marais de Saint-Gond, dans le chef illustre de l'Yser et de la Somme a été pleinement justifiée.

« La dignité de maréchal de France conférée au général Foch, ne sera d'ailleurs pas seulement une récompense pour les services passés ; elle consacrera mieux encore, dans l'avenir, l'autorité du grand homme de guerre appelé à conduire les armées de l'Entente à la victoire définitive. »

Le 28 septembre, c'est l'offensive franco-belge, dirigée par le roi Albert, qui enlève rapidement la forêt d'Houthulst. St-Quentin est repris le 2 octobre ; Thourout, Courtrai, le 16 ; Lille, Douai, Ostende, le 17 ; Bruges, Tourcoing, Roubaix, Zeebrugge, le 19. Les armées alliées parviennent aux deux trouées de la Sambre et de Stenay, qui commandent les lignes de retraite allemandes. Dans le même temps, une masse de troupes fraîches, franco-américaines, se prépare à une offensive colossale entre Metz et les Vosges. Ludendorff prévoit qu'il va être acculé à un formidable Sedan.

Effondrement de la coalition allemande. — Pendant que tous ces événements mémorables s'ac-

---

45e RÉCIT. — **Les artisans de la victoire** (*suite*) **: Pétain.** — En même temps, le gouvernement conférait la médaille militaire au général (depuis maréchal) Pétain, commandant en chef les armées françaises du Nord et du Nord-Est, avec cet exposé de ses titres :

« Au cours de cette guerre, dans les différents commandements qu'il a exercés : brigade, division, corps d'armée, armée, groupes d'armée, armée française, a toujours fait preuve des plus belles qualités morales et techniques.

« Soldat dans l'âme, n'a cessé de donner des preuves éclatantes du plus pur esprit du devoir et de la haute abnégation.

« A su toujours maintenir, dans les armees placées sous ses ordres, une discipline ferme et bienveillante ; a soutenu au suprême degré leur moral et exalté leur confiance.

« Vient de s'acquérir des titres impérissables à la reconnaissance nationale, en brisant la ruée allemande et en la refoulant victorieusement. »

Le Maréchal Pétain

complissaient en terre de France, les autres fronts ne restaient pas inactifs. Dès le mois de juin, les Autrichiens avaient déclenché une offensive sur le Piave, comptant bien venir à bout des Italiens, maintenant que ceux-ci n'avaient plus à attendre de secours des Anglo-Français trop occupés sur le front occidental. Mais leur calcul se trouva rapidement déjoué par la brillante riposte des troupes italiennes qui parvinrent en certains endroits à repasser le Piave à leur tour. Cet échec eut un grand retentissement en Autriche où l'état moral était déjà fort inquiétant.

En Orient, l'armée anglaise d'Allenby, aidée de contingents français et italiens, après de brillants combats à Gaza et à Jaffa, avait enlevé Jérusalem en décembre 1917. En 1918, elle prenait St-Jean-d'Acre, détruisait successivement trois armées turques, et entrait à Damas puis à Alep. La Turquie se trouvait également menacée.

Mais l'événement décisif se produisit dans les Balkans. Le 15 septembre 1918, les Français, aidés des Serbes, attaquèrent vigoureusement le centre du front bulgare, sur le plateau élevé de *Dobropolie*, entre les lacs d'*Ochrida* et de *Doiran*.

Malgré les défenses formidables élevées par les Bulgares dirigées par des officiers allemands, la position fut brillamment enlevée. Dès le troisième jour, tout le centre bulgare était enfoncé, et notre cavalerie le poursuivait à 25 kilomètres des lignes de départ. Puis l'armée anglo-grecque attaqua sur notre droite et l'armée italienne sur notre gauche. Le 25, on atteignait Ichtip et Velès. Pour la première fois depuis la guerre, nous avions résolu le problème de la percée. Les armées bulgares de l'est étaient coupées de celles de l'ouest, et celles-ci se trouvaient par le fait véritablement prisonnières. Affolée, la Bulgarie demanda un armistice au général Franchet d'Esperey, commandant en chef des troupes alliées. Elle se mettait à notre entière discrétion (25-29 septembre).

C'était un événement gros de conséquences. Tout le Mittel-Europa se trouvait disloqué. C'en était fini de l'hégémonie allemande dans les Balkans. Plus de rêves grandioses. Plus de chemin de fer Berlin-Bagdad. C'était vraiment le signal de l'effondrement de la coalition ennemie.

La Turquie, déjà fort mal en point, depuis nos succès en Palestine et en Syrie, se trouvait maintenant abandonnée à ses propres forces et complètement coupée de l'Allemagne. Depuis que la vaillante Serbie se trouvait dégagée, nous pouvions au contraire tendre la main à la Roumanie, et le général Berthelot retournait aussitôt à Buckarest prêter son concours à l'armée roumaine. L'accès de la mer Noire et de la Russie nous était à nouveau permis. La Turquie dut s'avouer vaincue et solliciter un armistice à son tour.

Le 25 septembre, les Italiens prirent l'offensive. L'armée autrichienne dont l'état moral laissait fort à désirer, ne put résister à cette violente poussée. Après une lutte de quelques jours, elle dut repasser les Alpes en désordre, abandonnant 300.000 prisonniers et 5.000 canons. Le désastre de Caporetto était effacé. Comme la Bulgarie et la Turquie, l'Autriche dut se résigner à mettre bas les armes (3 novembre).

L'armistice du 11 novembre. — Ainsi l'Allemagne restait seule en face des Alliés. Voyons quelle était sa situation. Ses armées de Belgique étaient à la veille d'avoir leurs lignes de communication coupées ; elle n'avait plus de réserves, et ses munitions étaient épuisées ; elle laissait entre nos mains et celles de nos alliés, à la suite de cette colossale « bataille de France », 400.000 prisonniers et 6.000 canons ; ses troupes d'arrière n'étaient plus sûres : il n'y avait plus moyen de continuer la lutte dans ces conditions. C'est ce que Ludendorff fit comprendre à Berlin. Le gouvernement, après avoir vainement essayé d'apitoyer en sa faveur le président Wilson, dut se résigner à envoyer des plénipotentiaires au maréchal Foch. Le train du généralissime était garé dans la forêt de Compiègne. C'est là que furent reçus les envoyés allemands, là qu'ils prirent connaissance des conditions que les Alliés mettaient à l'armistice sollicité :

Evacuation de toute la rive gauche du Rhin ; établissement d'une zone neutre de 10 km. au delà du fleuve ;

Occupation par les Alliés de Mayence, Coblence, Cologne, avec des têtes de pont sur la rive droite ;

Cession de 5.000 canons, 27.000 mitrailleuses, 1.700 avions de guerre, 5.000 locomotives, 150.000 wagons, 5.000 camions automobiles ;

46e Récr. — **Les fêtes d'Alsace-Lorraine.** — Qui pourra dire, comme il convient, l'enthousiasme qui souleva nos frères retrouvés lorsque nos troupes victorieuses firent leur rentrée dans les villes d'Alsace-Lorraine. Pétain à Metz, Gouraud à Strasbourg, de Castelnau à Colmar, Hirschauer à Mulhouse, furent accueillis comme des sauveurs. Puis ce furent les visites officielles du Président de la République, du Gouvernement et des Chambres, à Metz et à Strasbourg, qui donnèrent lieu également à des fêtes inoubliables.

Avant.

Renvoi immédiat sans réciprocité de tous les prisonniers de guerre détenus en Allemagne ;

Livraison de tous les sous-marins, d'une partie des navires de guerre : 10 cuirassés, 6 croiseurs, 50 destroyers ;

Renonciation aux traités de Brest-Litowsk et de Buckarest ; rappel des troupes allemandes en deça des frontières de 1914 ;

Maintien du blocus, mais avec promesse de ravitaillement.

Le 11 novembre, à cinq heures du matin, les plénipotentiaires allemands apposèrent leur signature au bas de l'armistice.

La puissante, l'orgueilleuse Allemagne avait capitulé.

A Metz, où le général Pétain reçut le bâton de maréchal de France, les Lorrains n'avaient pas voulu que les statues des empereurs allemands qui encombraient la magnifique promenade de

Après.

l'Esplanade, pussent paraître présider à la cérémonie. Des jeunes gens s'étaient chargés de les jeter bas avant l'arrivée de nos troupes. Les gravures ci-dessus vous montrent l'aspect de la statue de Guillaume Ier avant et après l'opération.

APPENDICE I

Déclaration de guerre de l'Allemagne à la France

Le 3 août 1914, M. de Schœn, ambassadeur d'Allemagne à Paris, remettait à M. Viviani, président du Conseil français, la déclaration de guerre de l'Allemagne à la France.

Cette pièce, à raison des mensonges puérils qu'elle contient, marque à jamais d'un sceau d'ignominie le gouvernement de Guillaume II. Il est bon de l'avoir sous les yeux. La voici :

« Monsieur le Président,

« Les autorités administratives et militaires allemandes ont constaté un certain nombre d'actes d'hostilité caractérisée commis sur le territoire allemand par des aviateurs militaires français. Plusieurs de ces derniers ont manifestement violé la neutralité de la Belgique, survolant le territoire de ce pays ; l'un a essayé de détruire des constructions près de Wesel, d'autres ont été aperçus sur la région de l'Eifel, un autre a jeté des bombes sur le chemin de fer près de Karlsruhe et de Nuremberg.

« Je suis chargé et j'ai l'honneur de faire connaître à Votre Excellence qu'en présence de ces agressions, l'Empire allemand se considère en état de guerre avec la France, du fait de cette dernière puissance. »

APPENDICE II

Au moment où l'Alsace et la Lorraine font retour à la France, ce n'est pas sans une patriotique émotion que l'on relit les émouvantes déclarations faites à l'Assemblée nationale de Bordeaux, en 1871, par les députés de ces deux provinces, avant et après la douloureuse séparation. En voici les passages essentiels :

1° Déclaration lue le 17 février 1871

« L'Alsace et la Lorraine ne veulent pas être aliénées. Associées depuis plus de deux siècles à la France, dans la bonne comme dans la mauvaise fortune, ces deux provinces, sans cesse exposées aux coups de l'ennemi, se sont constamment sacrifiées pour la grandeur nationale : elles ont scellé de leur sang l'indissoluble pacte qui les rattache à l'unité française. Mises aujourd'hui en question par les prétentions étrangères, elles affirment, à travers les obstacles et tous les dangers, sous le joug même de l'envahisseur, leur inébranlable fidélité.

« Tous unanimes, les citoyens demeurés dans leurs foyers, comme les soldats accourus sous les drapeaux, les uns en votant, les autres en combattant, signifient à l'Allemagne et au monde l'immuable volonté de l'Alsace et de la Lorraine de rester Françaises.

« En foi de quoi, nous prenons nos concitoyens de France, les gouvernements et les peuples du monde entier à témoin que nous tenons d'avance pour nuls et non avenus tous actes et traités, votes ou plébiscite, qui consentiraient abandon en faveur de l'étranger de tout ou partie de nos provinces de l'Alsace et de la Lorraine. Nous proclamons par les présentes à jamais inviolable le droit des Alsaciens et des Lorrains de rester membres de la nation française et nous jurons, tant pour nous, que pour nos commettants, nos enfants et leurs descendants, de le revendiquer éternellement, et par toutes les voies envers et contre tous usurpateurs. »

2° Protestation lue le 1er février 1871

« Les représentants de l'Alsace et de la Lorraine ont déposé, avant toute négociation de paix, sur le bureau de l'Assemblée nationale, une déclaration affirmant de la manière la plus formelle, au nom de ces provinces, leur volonté et leur droit de rester françaises.

« Livrés, au mépris de toute justice et par un odieux abus de la force, à la domination de l'étranger, nous avons un dernier devoir à remplir.

« Nous déclarons encore une fois nul et non avenu un pacte qui dispose de nous sans notre consentement.

« La revendication de nos droits reste à jamais ouverte à tous et à chacun dans la forme et dans la mesure que notre conscience nous dictera.

« Au moment de quitter cette enceinte où notre dignité ne nous permet plus de siéger, et malgré l'amertume de notre douleur, la pensée suprême que nous trouvons au fond de nos cœurs est une pensée de reconnaissance pour ceux qui, pendant six mois, n'ont pas cessé de nous défendre, et d'inaltérable attachement à la patrie dont nous sommes violemment arrachés.

« Nous vous suivrons de nos vœux et nous attendrons, avec une confiance entière dans l'avenir, que la France régénérée reprenne le cours de sa grande destinée.

« Vos frères d'Alsace et de Lorraine, séparés en ce moment de la famille commune, conserveront à la

France, absente de leurs foyers, une affection filiale jusqu'au jour où elle viendra y reprendre sa place. »

NOTA. — *Il n'est pas sans intérêt de relever le nom de Georges Clémenceau parmi les signataires de ces déclarations.*

APPENDICE III

A mesure que les années s'écouleront, le noble geste de la Belgique, n'hésitant pas à se sacrifier pour sauver son honneur, apparaîtra de plus en plus comme l'un des événements les plus prodigieux de cette terrible guerre pourtant si féconde en dévouements de toute nature. La postérité, nous n'en doutons pas, le placera bien au-dessus de tout ce que l'Antiquité nous a légué de plus admirable et de plus grandiose. C'est pourquoi il importe de fixer les paroles mémorables qui annoncèrent au monde la sublime résolution prise par nos vaillants alliés.

Voici le poignant discours que tint le roi Albert Ier au Parlement belge, le 4 août 1918 :

« Jamais, depuis 1830, heure plus grave ne sonna pour la Belgique. La force de notre droit et la nécessité pour l'Europe de notre existence autonome nous font encore espérer que les événements redoutés ne se produiront pas ; mais s'il faut résister à l'invasion de notre sol, le devoir nous trouvera armés et décidés aux plus grands sacrifices !

« Dès maintenant la jeunesse est debout pour défendre la patrie en danger ; un seul devoir s'impose à nos volontés : une résistance opiniâtre, le courage et l'union.

« Notre bravoure est démontrée par notre irréprochable mobilisation et par la multitude des engagements volontaires.

« Le moment est aux actes. Je vous ai réunis pour permettre aux Chambres de s'associer à l'élan du pays. Vous saurez prendre d'urgence toutes les mesures. Vous êtes tous décidés à maintenir intact le patrimoine sacré de nos ancêtres. Personne ne faillira à son devoir.

« L'armée est à la hauteur de sa tâche. Le gouvernement et moi avons pleine confiance. Le gouvernement a conscience de ses responsabilités et les conservera jusqu'au bout pour sauvegarder le bien suprême du pays. Si l'étranger viole notre territoire, il trouvera tous les Belges groupés autour de leur souverain, qui ne trahira jamais son serment constitutionnel.

« J'ai foi dans nos destinées. Un pays qui se défend s'impose au respect de tous et ne périra pas. Dieu sera avec nous. »

Le lendemain, la guerre commençait, et le roi Albert, en allant prendre le commandement des troupes, lançait la proclamation suivante :

« Soldats !

« Sans la moindre provocation de notre part, un voisin, orgueilleux de sa force, a déchiré les traités qui portent sa signature et violé le territoire de nos pères.

« Parce que nous avons été dignes de nous-mêmes, parce que nous avons refusé de forfaire à l'honneur, il nous attaque. Mais le monde entier est émerveillé de notre attitude loyale; que son respect et son estime nous réconfortent en ces moments suprêmes.

« Voyant son indépendance menacée, la nation a frémi et ses enfants ont bondi à la frontière. Vaillants soldats d'une cause sacrée, j'ai confiance en votre bravoure tenace et je vous salue au nom de la Belgique. Vous triompherez, car vous êtes la force mise au service du droit.

« César a dit de vos ancêtres : « De tous les peuples de la Gaule, les Belges sont les plus braves. »

« Gloire à vous, armée du peuple belge !

« Souvenez-vous que devant l'ennemi vous combattez pour la liberté et pour vos foyers menacés. Souvenez-vous, Flamands de la bataille des éperons d'or, et vous, Wallons de Liège, qui êtes en ce moment à l'honneur des six cents Franchimontois.

« Soldats !

« Je pars de Bruxelles pour me mettre à votre tête. »

APPENDICE IV

La lecture de l'Armistice à la Chambre des Députés

Le 11 novembre 1918, M. Clémenceau, président du Conseil, montait à la tribune de la Chambre des députés et donnait lecture de l'armistice qui venait d'être signé.

(Nous avons donné ailleurs les principales clauses de cet armistice).

Avant de descendre de la tribune, il ajoutait au milieu de l'émotion qui étreignait tous les cœurs et sous un tonnerre d'applaudissements :

« Pour moi, la convention d'armistice lue, il me semble qu'à cette heure, en cette heure terrible, grande et magnifique, mon devoir est accompli.

« Un mot seulement. Au nom du peuple français, au nom du Gouvernement de la République française, j'envoie le salut de la France une et indivisible à l'Alsace et à la Lorraine retrouvées. *(Vives et unanimes acclamations. — Tous les députés se lèvent et applaudissent longuement).*

« Et puis, honneur à nos grands morts, qui nous ont fait cette victoire. *(Nouvelles acclamations unanimes. — Tous les députés se lèvent).* Par eux, nous pouvons dire qu'avant tout armistice, la France a été libérée par la puissance des armes. *(Applaudissements unanimes et répétés).*

« Quant aux vivants, vers qui, dès ce jour, nous tendons la main et que nous accueillerons, quand ils passeront sur nos boulevards, en route vers l'Arc de Triomphe, qu'ils soient salués d'avance ! Nous les attendons pour la grande œuvre de reconstruction sociale. (*Vifs applaudissements*). Grâce à eux, la France, hier soldat de Dieu, aujourd'hui soldat de l'humanité, sera toujours le soldat de l'idéal ! (*Applaudissements enthousiastes. — MM. les députés se lèvent et acclament longuement M. le président du conseil*).

Quelques instants après, la Chambre votait d'enthousiasme la déclaration suivante :

« Les armées et leurs chefs ;

« Le Gouvernement de la République ;

« Le citoyen Georges Clémenceau, président du conseil, ministre de la guerre ;

« Le maréchal Foch, généralissime des armées alliées,

« Ont bien mérité de la Patrie. »

TABLE DES CHAPITRES

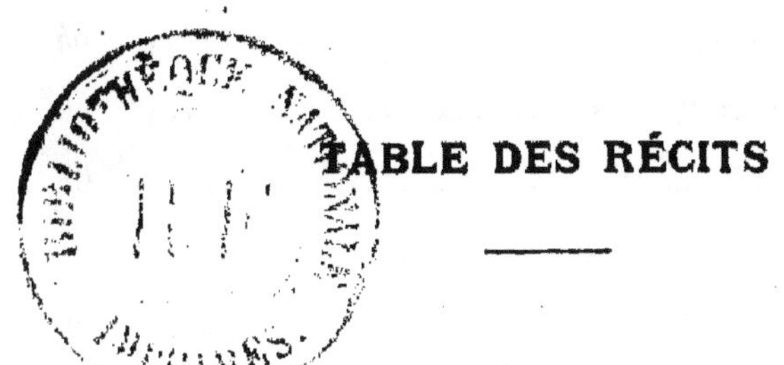

TABLE DES RÉCITS

INDEX DES GRAVURES

Limoges, Imprimerie Commerciale Perrette.

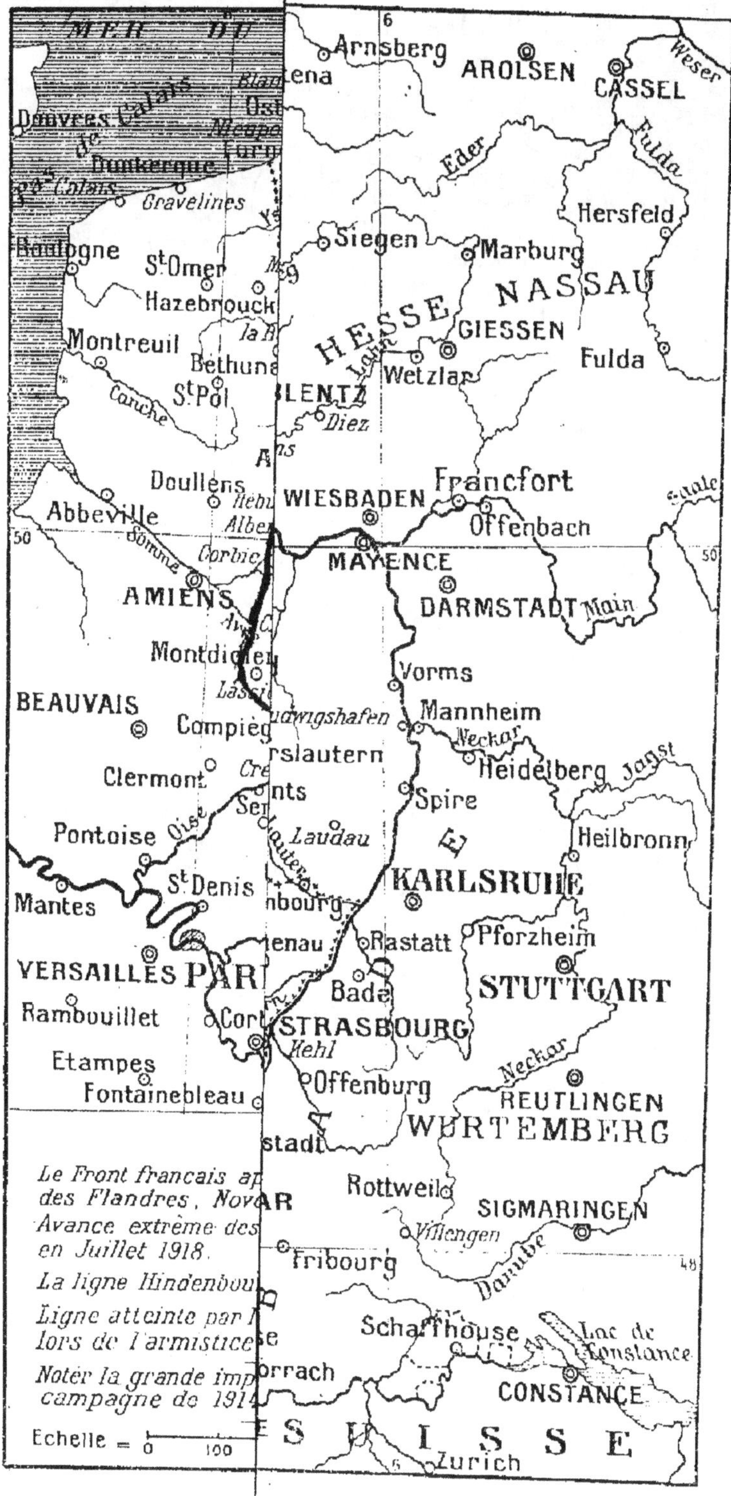
MER DU
Calais
de
Douvres
Dunkerque
Gravelines
Boulogne
St Omer
Hazebrouck
Montreuil
Bethune
St Pol
Canche
Doullens
Abbeville
Somme
Corbie
AMIENS
Montdidier
BEAUVAIS
Compiegne
Clermont
Oise
Pontoise
Mantes
St Denis
VERSAILLES
Rambouillet
Etampes
Fontainebleau
Arnsberg
AROLSEN
CASSEL
Weser
Eder
Fulda
Hersfeld
Siegen
Marburg
HESSE NASSAU
GIESSEN
Lahn
Wetzlar
Fulda
Diez
WIESBADEN
Francfort
Offenbach
Saale
MAYENCE
DARMSTADT
Main
Vorms
Mannheim
Neckar
Heidelberg
Jagst
Spire
Heilbronn
Laudau
KARLSRUHE
Rastatt
Pforzheim
STUTTGART
Bade
STRASBOURG
Kehl
Offenburg
Neckar
REUTLINGEN
WURTEMBERG
Rottweil
SIGMARINGEN
Villengen
Danube
Fribourg
Schaffhouse
Lac de Constance
CONSTANCE
SUISSE
Zurich
50
48
Le Front francais ap
des Flandres, Nov
Avance extrême des
en Juillet 1918.
La ligne Hindenbou
Ligne atteinte par l
lors de l'armistice
Noter la grande imp
campagne de 1914
Echelle = 0 100

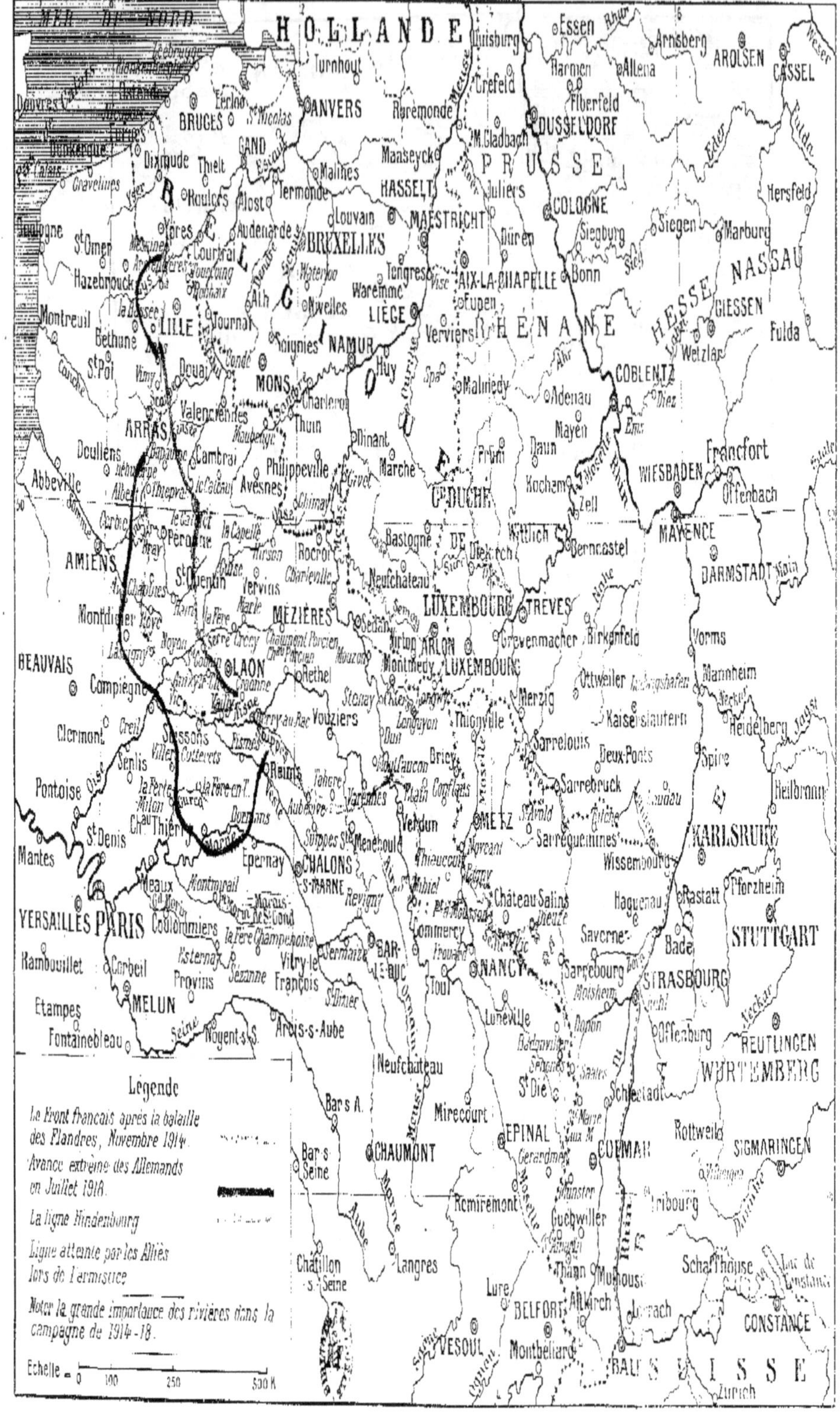
MER DU NORD
HOLLANDE
BELGIQUE
PRUSSE
RHÉNANE
HESSE NASSAU
Gd DUCHÉ DE LUXEMBOURG
SUISSE
WURTEMBERG
Douvres
Calais
Dunkerque
Gravelines
Boulogne
St Omer
Hazebrouck
Montreuil
Bethune
St Pol
Arras
Doullens
Abbeville
Amiens
Montdidier
Beauvais
Compiègne
Clermont
Senlis
Pontoise
Mantes
St Denis
Versailles
PARIS
Rambouillet
Corbeil
Etampes
Melun
Fontainebleau
Provins
Nogent-s-S.
Meaux
Coulommiers
Château Thierry
Soissons
Laon
Reims
Epernay
Châlons s-Marne
Vitry le François
Bar-le-Duc
Verdun
Metz
Nancy
Toul
Commercy
Lunéville
Epinal
Mirecourt
Neufchâteau
Chaumont
Langres
Remiremont
Belfort
Montbéliard
Vesoul
Lure
Colmar
Mulhouse
Strasbourg
Saverne
Sarrebourg
Haguenau
Wissembourg
Sarreguemines
Sarrebruck
Sarrelouis
Thionville
Longwy
Montmédy
Sedan
Mézières
Rethel
Vouziers
St Quentin
Péronne
Cambrai
Valenciennes
Douai
Lille
Tournai
Courtrai
Ypres
Roulers
Dixmude
Bruges
Ostende
Gand
Anvers
Malines
Bruxelles
Louvain
Mons
Charleroi
Namur
Liège
Huy
Dinant
Maestricht
Hasselt
Aix-la-Chapelle
Cologne
Dusseldorf
Crefeld
Essen
Coblentz
Trèves
Luxembourg
Arlon
Wiesbaden
Mayence
Francfort
Darmstadt
Worms
Mannheim
Heidelberg
Spire
Karlsruhe
Stuttgart
Rastatt
Pforzheim
Offenburg
Fribourg
Bâle
Constance
Schaffhouse
Zurich
Légende
Le Front français après la bataille des Flandres, Novembre 1914
Avance extrême des Allemands en Juillet 1918
La ligne Hindenbourg
Ligne atteinte par les Alliés lors de l'armistice
Noter la grande importance des rivières dans la campagne de 1914-18.
Echelle 0 100 250 500 K

www.ingramcontent.com/pod-product-compliance
Lightning Source LLC
LaVergne TN
LVHW050418160826
845677LV00002BA/416